細分化して片付ける

30分 30minutes 仕事術

あえての時間しばりが最高の結果をもたらす

著 滝川徹

Pan Rolling

はじめに

「一体どうやって勉強してるの?」

トム・クルーズ似の医学生だったテニス部の同期に学生時代、聞いてみたことがある。

当時の私たちはうんざりするくらいテニスにあけくれていた。そんな中でも彼は医学部での勉強をおろそかにせず、部活ではレギュラーになり、さらに国連英検特A級という非常に難易度が高い資格まで取得。そのうえ家庭教師のアルバイトまでこなしていた。一方の私はどうだったか。テニス中心の生活で大学の勉強はそっちのけだったのはもちろん、就活のためにはじめたTOEICの勉強にも全く手をつけられずにいた。

たしかに私は練習で疲れ果てていた。しかしそれは彼とて同じだったはず。なぜ同じ状況でこうも差が生まれるのか? 私には不思議でならなかった。そこで聞いてみたのが、冒頭の質問だ。

何かすごい裏技を知っているに違いない。そうワクワクして尋ねた私に返ってきた彼からの答えは——。

「時間をかけることかな」

裏技どころか地味すぎる回答。このシンプルな答えに私がかろうじて返せた言葉は「そうなんだ……」だった。当時の私は彼の答えの本質がわかっていなかったのだと今ならわかる。この考え方が仕事や勉強をはじめ、何かに着手するうえで最も効果的なアプローチである。このことがわかったのはずいぶん後の話だ。

今の私はあの頃の自分がびっくりするくらい、思い通りあらゆることに取り組めるようになった。それにともなって私の人生は大きく変わった。

私は現在、東証一部上場の大手金融機関に在籍している。入社当時は、多くの同僚に負けず劣らず長時間労働の日々を送っていた。残業の後は同僚と飲みながらストレスを解消するという典型的なサラリーマン。入社して数年が経つと多くの仕事を任されるようになり、1日14時間働いていた時期もある。当時は毎日をせわしなく過ごすだけで精いっぱい。将来の理想像なども持てなかった。本書を手に取ってくれた多くの読者と同じであるだろう悩みを抱えていたのだ。そんななか人生を劇的に変えてくれる人たちや書籍に出会い、そこから一念発起して数年かけて残業ゼロの働き方に変えていった。その間の試行錯誤は本書の中でも少し触れているが、前書『気持ちが楽になる働き方　33歳　現役の大企業サラリーマン、長時間労働をやめる。』(金風舎)で、より赤裸々に悩みや葛藤、理想とのギャップ、そして挫折を記している。

前書と本書の違いは、前書が私の残業ゼロへの取り組みに至る試行錯誤の軌跡を追ったのに対し、本書では試行錯誤の末に確立した実践的なタスク管理・仕事術の方法を紹介していく。

ちなみに今の私は会社員をしながらタスク管理や仕事術などをテーマにセミナー講師や執筆活

動、Ｙａｈｏｏ！ニュースをはじめとしたニュースサイトへの寄稿、ＳＮＳや動画で情報配信を行っている。それでも毎日8時間以上寝て、1時間以上はランニングなどの運動をする。その他の時間も家族と過ごしたり、読書やゲームをしたりＹｏｕｔｕｂｅを見たりと、好きなときに好きなことができる生活を手にした。まさに人生を謳歌していると言えるだろう。

「会社員として働いているのに、どうしてそんなにたくさんのことができるの？」と驚かれることも少なくない。秘密はそう、先の「時間をかける」ことにある。

なぜ時間をかけているのに、あらゆることに取り組めているのか。そもそも時間をかけるとはどういうことなのか。第1章では、それらについてじっくり説明する。第1章を読むだけで、君の仕事・時間へのとらえ方は大きく変わるだろう。そして私が提案する手法を試してもらえば、驚くほど効果を実感できるだろう。仕事がどんどん片付いていく。そのことに気持ちよさを感じられるはずだ。

第2章から第4章までは、具体的なタスク管理法を紹介する。この手法を活用すれば、私のように鼻歌を歌いながらも完璧に仕事を管理できるようになる。

第5章から第7章までは、私がこれまでに体得してきた実践的な仕事術を紹介する。手っ取り早く仕事をできるようになりたいなら、この3つの章から読んでもらってかまわない。

最後の第8章はボーナストラックと言えるかもしれない。私が現在の状況に至るまでに、もがきながらも手に入れた人生の本質・気づきが詰まっている。

本書は現在の日本社会では当たり前とされている常識に反する考え方、直感・本能に反するアプローチが数多く書かれている。日本社会の企業風土に浸かってきた人は特に抵抗を感じるかもしれない。しかし効果的なアプローチとは世の中の常識を覆すものだ。多くの人が見落としているブラインドスポットにこそ、真に効果的な解決策が眠っている。そうでなければこれだけ仕事術・時間管理の本が溢れているのに、あいかわらず多くの人が働き方に悩んでいることの説明がつかない。

まずは第1章を読んでみてほしい。そうすれば私の話に耳を傾ける価値があるかどうかわかってもらえるはずだ。そして忘れないでほしい。数年前の私も、今の君と同じだったことを。そして、鼻歌を口ずさみながら仕事ができている今の私が、近い未来の君の姿であることを。

さぁ、準備はいいだろうか。ぜひリラックスしてこの先を読み進めてほしい。楽しんで読んでもらえること。それが私の一番の望みだからだ。

本書が少しでも君の人生に役立つことを祈っている。

では、巻末でまたお会いしよう。

本書の使い方——知っておいてほしいこと

君の貴重な時間を割いて本書を読み進めてもらうにあたり、いくつか頭に入れておいてほしいことがある。ひとつずつ説明しよう。

【自分だけの答えを見つけよう】

最初に伝えておこう。この方法を実践すれば「誰でも」「絶対に」うまくいく——そんな手法は存在しない。もしそんな手法が存在するなら仕事術の本は1冊で十分のはずだ。しかし書店には数多くのノウハウ本が並んでいるし、現在も同様のテーマで出版され続けている。なぜか？　このことを考えれば私が言いたいことがわかるはずだ。

同じ練習メニューをこなしたからといって成長度合いがまったく同じになるわけではないように、私のやり方（メニュー）を真似したからといって誰でも100％同じ効果をもたらすとは限らない。では、本書を読む価値はどこにあるのか？　それは仕事の原理原則を理解してもらうことで、**君自身に「答え」を見つけてもらえるようにする**ことにある。

本書では私が実践して効果があったタスク管理法・仕事術を通して、それらの原理原則を伝えることを目的としている。環境や業種が違っても原理原則さえ理解できれば、私の手法を応用して自分に合った方法を自ら築きあげることができるようになるからだ。

本編でしつこいくらい書いているが、私の手法を全て完璧に真似しようと思わないでほしい。特に最初からそうしようと思えば、挫折してしまうだろう。まずは「これなら実践できそうだ」と思えるものから取り組んでみよう。私自身も数多くの本を読み「これならできるな」と思った手法だけを取り入れて実践してきた。本書に書かれたタスク管理法・仕事術は、そうした試行錯誤の末に私が導き出した「私自身の答え」である。同じように、君には君だけの答えがある。

本書を通して身につけてほしいのは、私の答え（ノウハウ・テクニック）ではない。その答えの裏にある原理原則だ。本書を読み進めるときは「この手法の原理原則は何なのか?」という視点を常にもってほしい。それにより君自身の答えを見つけるために必要な知識を手にすることができるだろう。

【一度で本書の全てを理解しようとしないこと】

第3章以降では実践してみないとイメージがわかない、そんな箇所も出てくるだろう。そんなときでもひとまずそのまま読み進めてほしい。そうしないと、人によってはいつまでたっても前に進めなくなってしまう可能性があるからだ。

まずはできそうだと思ったことから試してみよう。すると「あれ、これはどう考えたらいいんだ？」と疑問に思うことが出てくるはずだ。そのときにあらためて、該当箇所を読み直すとよいだろう。そうすれば「あぁ！　こういうことを言ってたのか」と理解が深まるはずだ。

一度で本書の全てを理解できなくても問題ない。ゲームの攻略本も、はじめる前に全部読んでも全てを理解することはできないだろう。実際にゲームをやってみて、つまずいたところで攻略本を見るはずだ。同じように本書を使ってもらえたらいい。

【必要なところだけを拾い読みしてもＯＫ】

全てを読もうと意気込むと、手が伸びなくなってしまう人もいるかもしれない。そんなときは、自分が気軽に読めるところ、たとえば第5～8章あたりから読み進めてもらってもかまわない。それだけでも十分に君の役に立てるはずだ。全く読まないよりは少しでも読んだほうがマシ。とにかく楽しんで読んでもらえることを祈っている。

さぁ、新しい世界を楽しんで！

では、はじめよう。

目次

1 常識をくつがえす「30分仕事術」とは ―― 13

2 タスク管理システムを作る 47

3 実行性のある計画を作る 67

常識をくつがえす「30分仕事術」とは

毎日30分だけ仕事しよう!

これが私からの提案だ。

このメッセージを聞いて「はいはい。で?」と呆れただろうか。まあ、確かに簡潔に言いすぎたかもしれない。だが、本当にそうなのだ。

補足すると「仕事はまとめて一気に片付けようとせず、毎日30分ずつ進めよう」となる。これを実践するだけで、君の仕事は驚くほどサクサクと片付いていく。現に私だけでなく、私がこれまでセミナーなどで教えてきた多くの受講生もその効果を実感している。

この手法が革新的だと言える理由は2つある。まずは「ひとつの仕事に1日30分以上かけない」こと。次に「仕事を作業単位から時間単位にとらえなおす」ことだ。簡単に説明しよう。

◎ひとつの仕事に1日30分以上かけない

一回の作業単位を短くして取り組む。この手法自体は目新しいものではない。聞いたことがある人もいるだろう。代表的なのが25分間の作業と5分間の休憩を1セットで繰り返す「ポモドーロ・テクニック」という手法だ。私の手法がこれと異なるのは、ひとつの仕事に1日にあえて30分しか取り組まないという点だ。にもかかわらず、長い目で見たときに仕事を圧倒的に早く片付けられるようになる。私は仕事術・時間術を長年探求しているが、この切り口を提唱している人物や書籍に巡り合ったことはない。

◎仕事を「作業単位」から「時間単位」にとらえなおす

たいていの人は仕事に取り組む際、「この作業をやろう」「ここまでやろう」と作業単位で仕事を考える。一方、私の手法では「時間を使う」という点に着目する。レポート作成でも経費処理でもかまわない。最大で30分、ただ時間を使えばいい。けっして作業を終わらせようとしない。そうすると仕事に着手するハードルは圧倒的に低くなる。実は仕事で一番難しいのは着手することだ。着手さえできれば、気持ちはどうあれ作業は進んでいく。結果的に仕事はどんどん片付いていく。

本書で紹介するのは、私自身が毎日14時間の長時間労働に悩んだことをきっかけに身につけたタスク管理の技術だ。私はこのタスク管理を身につけることで大きく人生を変えることに成功し、今では鼻歌を歌いながら仕事をこなしている。

この手法は言うまでもなくどんな業種の人にも有効だ。所属している会社の規模も関係ない。

私のセミナーには、会社の規模や業種に関係なく、さまざまな職種の人が参加する。日本の老舗企業や外資系企業、スタートアップ企業、それらの大手から中小規模。フリーランス、さらに弁護士や税理士などの専門職の人まで。いずれの参加者からも「目から鱗」というフィードバックが寄せられる。セミナー講師を続けてきた経験から、本書に書いたノウハウは誰にでも効果がある。そう確信している。

やらなくてもいいが、それ以外は何もしてはいけない

新人の頃、頭ではやらなければいけないとイヤというほどわかっていたのにどうしても取りかかれない仕事があった。毎朝「今日こそはやるぞ！」と決意する。しかしいざ仕事がはじまると、ほかの仕事を理由に「あとでやろう（そう、あのお決まりのセリフだ）」と先延ばしをしてしまう。そうして1日の最後になり「明日こそは絶対にやるぞ！」とまた固く決意する。翌日になるとまた同じことを繰り返す。そのヘビーローテーション。その後その仕事がどうなったかって？　あぁ、もちろん大炎上だ。

なぜ自分はこんなにも意志が弱いのだろうか……。昔はそう自分を責めた。しかしどうやら意志の力はあまり関係なかったようだ。これは単なる言いわけじゃない。タスク管理の名著『仕事に追われない仕事術』（ディスカヴァー・トゥエンティワン）の著者マーク・フォースターがこのことを教えてくれた。

マークによれば、人間の脳には2つの脳（性質）があるという。そのうちのひとつの**脳をダマすこと。これが先延ばし・先送りを解決する鍵**だと言うのだ。

2つの脳？　脳をダマす？　きっと今の君の頭には大きな「?」が浮かんでいることだろう。だが、大丈夫。どういうことかはイギリスの著名作家の仕事術を紹介しながら、めちゃめちゃわかり

やすく説明しよう。

Ｎｅｔｆｌｉｘ（ネットフリックス）でドラマ化された『サンドマン』をはじめ、数々の作品で知られる作家ニール・ゲイマン。著名な作家とはいえ、彼にとっても執筆することは簡単なことではなかったらしい。そんな彼の執筆時の最大のルールは「文章を書かなくてもいいが、書くこと以外何もしてはいけない」というものだった。イスに座って、何もしなくてもいい。ぼーっと景色を楽しむのも自由。ただしクロスワードをしたり、本を読んだりしてはダメ。友達に電話するのももちろんNG。

書くこと以外、何もしてはならなかった。

そうしてイスに座り景色を楽しんでいても、5分も経つと何もしないことに飽きてくる。何もしないよりは文章を書くほうがまだおもしろい。ニールはやがて、文章を書きはじめるのだった。

ニールのこの手法は秀逸で、実に理にかなっている。その理由についてマークの言う2つの脳の仕組みを紹介しながら解説しよう。

2つの脳を対立させない

マークによれば、（科学的に厳密な表現ではないが）人間には「理性の脳」と「衝動の脳」の2つの脳があるという。理性の脳は簡単に言えば、計画を立て実行を指示する脳だ。一方、衝動の脳は本能に従って直感的・反射的に反応する脳となる。そしてポイントは、**理性の脳と衝動の脳が対**

立すると基本的に衝動の脳が優先することだ。

たとえば、作家が文章を書こうと計画するのは理性の脳による。しかし、いざ文章を書こうとすると「今日は気分が乗らないからやめておこう」となるのは衝動の脳が「やりたくない」「めんどくさい」と感じ、理性の脳に対立・優先するからだ。

ということは逆に言えば計画通りに仕事に取り組みたいなら2つの脳を対立させなければいいということになる。マークはその方法について次の通り書いている。

「『この仕事は怖くない！』と自分自身をダマすことです。あまり賢いとは言えない〝衝動の脳〟は、この〝理性の脳〟のたくらみには気づきません」

『仕事に追われない仕事術　マニャーナの法則』（ディスカヴァー・トゥエンティワン）

ニールの手法が秀逸なのは「書かなくてもいい」と自分に言い聞かせることによって「この仕事は怖くない」と衝動の脳をダマしている点だ。そうして彼は2つの脳の対立をなくし、文章を書き続けることに成功しているというわけだ。

ニールのこの手法は我々ビジネスパーソンも活用できる。たとえば仕事に取り組むときに「この仕事をしなくてもいい。でもこの仕事以外、何もしてはいけない」というルールを作ればいいのだ。これによって仕事に着手できる確率は間違いなく上がる。だがもっといいニュースがある。私はこのルールをさらにシンプルにした。

それは「（仕事に）ただ時間をかければいい」というものだ。

効率重視と言われる現代になんと逆行したルールか！と思ったかもしれない。違うんだ。どういうことか説明しよう。

30分時間をかけるだけで仕事は進む

私はＹａｈｏｏ！ニュースに記事を掲載しているが、原稿を書くときはひとつの記事に20時間かけることも珍しくない。気が乗らないときなどは「これから20時間かけて文章を書くのか：」と思うと心が折れそうになる。そんなときは「ひとまず30分、時間をかけよう」と自分に言い聞かせるようにしている。

ニールのルール同様、何もせずにぼーっとしててもＯＫだ。文字通り30分間、ただ執筆のために時間を使えばいいことにする。もちろん、スマホをいじるのも音楽を聴くのも本を読むのもＮＧ。そうするとやがて暇に耐えられなくなる。気がつけば執筆に着手して、そのまま30分経つまで苦なく文章を書き続けることができる。

この手法は執筆以外のどんな仕事にも有効だ。ぜひ試してみてほしい。私は気が乗らないとき、とにかく30分だけ時間をかけることを意識する。このルールを使えばどんな仕事にも確実に着手できる。このことに気がついてから、私は思い通り仕事に着手できるようになった。

『トム・ソーヤーの冒険』でおなじみのアメリカの作家マーク・トウェインも「成功する秘訣は

■図1・1　30分間でしてもいいこと、ダメなこと

着手することだ。着手する秘訣は、気が萎えるような複雑な仕事を、扱いやすい小さな仕事に分割してから、最初のひとつをはじめることである」と言ったとされる。

だがトウェインが言う「最初のひとつ」をはじめることでさえ、ときには難しい。わかる！　本当にわかる。そんなときは取り組む時間を決めて、ただ時間をかければいい。このことを意識するだけで、君は驚くほど簡単に仕事に着手できるようになるだろう。

ただ時間をかければいい。そのコンセプトはわかった。でも、取り組む時間はどう決めたらいいのか？　ここで、私が導き出した30分という解につき説明していこう。

人が本能的に30分を好む理由

ジュリア・ロバーツ主演の映画『食べて、祈って、恋をして』の原作者として知られる世界的人気作家のエリザベス・ギルバート。彼女は文章が書けないときはキッチンタイマーを30分にセットして執筆に取り組んだという。なぜ

30分にタイマーをセットしたのか。残念ながらその根拠には触れられていない。だが私は人が仕事や何かに取り組むとき、本能的に「このくらいの時間なら取り組める」と感じ、一定の成果・アウトプットを期待する時間単位が30分なのだろうと考えている。

2007年のベストセラー・ビジネス書1位で56万部以上売れている、古市幸雄氏著『「1日30分」を続けなさい! 人生勝利の勉強法55』(マガジンハウス)がそのことを物語っている。この本の伝えるメッセージはタイトル通り1日30分の勉強を続けなさいというシンプルなものだ。これだけこの本が売れ続け評価されているのも、本のメッセージが多くの人に刺さったからだ。

ちなみに私もこの本をきっかけに勉強する習慣を築くことができた一人だ。社会人になって3年目くらいの頃、私は職場の同僚と髪の毛を賭けた熱い戦いを繰り広げていた。簿記3級を数人で受験し、合格しなかった者は坊主にする。そんななんとも体育会的なノリだった(企画を考えた先輩社員が体育会系出身だったのは言うまでもない)。

当時の私は思うように勉強に取り組めず、苦戦を強いられていた。毎日のように同僚と飲み歩いていた平日はもちろん、休日でさえ机に向かうことができなかった。蓋を開けてみれば不合格となったのは私だけ……。いつもの床屋で歯を食いしばりながら「今日は坊主でお願いします……」と頼んだあの日を、私は生涯忘れることはないだろう。

スッキリした私はリベンジを誓った。今度こそは計画的に勉強し、必ず簿記3級を取得してみせると。しかしいざ試験に申し込むと、また勉強をズルズルと先延ばしにしてしまう。そうして私はほとんど勉強できずに試験に臨み、簿記3級に落ち続けた。おそらく3回は落ちたはずだ。念のためお伝えすると、簿記３級は難関資格などではけっしてない。少なくとも私の周りの人間は当たり前のように一発合格していた。私が合格できなかった理由は明らかだ。私は勉強する習慣を身につけることができなかったのだ。

そんな私が勉強する習慣を身につけるきっかけとなったのが、先の『「1日30分」を続けなさい！ 人生勝利の勉強法55』だった。読み終えた後に「たしかに1日30分なら続けられるかもしれない」と希望を感じたのを今でも覚えている。それから少しずつ、勉強する習慣をなんとか身につけていった。

そのうち平日でも会社帰りに近くのおしゃれカフェに寄って勉強するようになった。そして簿記３級を無事取得。さらになんと簿記２級は一発で合格した（私にとっては革新的な進歩だ！）。その後ビジネス実務法務検定の３級と２級も一発合格。ＴＯＥＩＣも９３５点を取得。私は資格試験の勉強に関しては、満足のいく結果を出せるようになった。

本書で仕事の単位を「30分が最適」と考える理由のひとつはここにある。これから仕事に取り組もうとするとき、その仕事に1時間取り組もうと思うと「やりたくない」と心理的な抵抗を感じるだろう。しかし30分取り組めばいいと考えたらどうだろう。「それならやれそう」と感じる人も多いはずだ。取り組む時間を30分にするメリットのひとつは、**その仕事に取り組む心理的抵抗を減らすことで仕事に着手できるようになる**ことなのだ。

仕事に着手することが目的なら、取り組む時間はたとえば5分でもいいんじゃないか？ そう感じた人もいるかもしれない。それはそれで間違ってはいない。しかし問題は5分だけ仕事に取り組んでも目に見えた成果が生まれないことだ。なぜ30分が最適な時間単位なのか。次は「ポモドーロ・テクニック」という有名な時間管理のテクニックを紹介しながら説明しよう。

30分が最適と言える科学的な根拠

起業家フランチェスコ・シリロ氏によって提唱され、国連、ノキア、ソニー・モバイル、トヨタ、レゴ、イタリア中央銀行など世界中で評価・実用されているポモドーロ・テクニック。この手法は「25分間の作業＝ポモドーロと5分間の休憩を1セット」として繰り返していくものだ。

フランチェスコは著書『どんな仕事も「25分＋5分」で結果が出る ポモドーロ・テクニック入門』（CCCメディアハウス）で、ポモドーロ（1回の作業時間）につき10分などでは目に見える成果は生まれないとしている。さまざまな試行の結果、一定の成果を出すためには30分がベストと結論づけた。試行の段階で1時間、2時間、45分などさまざまな時間を試し、最終的に一定の成果を出すためには30分がベストとの結論に至ったのだ。

ポモドーロ・テクニック以外にも、30分が作業単位として最適なことを支持する研究がある。

１９５０年に「クロックテスト」という実験がマックワースという人物により行われた。実験の内容をものすごく簡単に言えば「一定のペースで進む時計の針を被験者が見て、針が2倍のスピードで進んだと認識したときに反応鍵を押す」というものだ。実験は30分を1セット、2時間に渡り4回行われた。この実験では作業を開始してから30分が経過すると、被験者の見落としが増加したことが確認されたのだ（これは後に「30分効果」と言われるようになる）。

産業安全運動向上への寄与により「労働大臣功労賞」を受賞した正田亘氏の著書『人間工学』（恒星社厚生閣）によると、クロックテスト以降も類似の実験や研究が行われた。そのいずれにも30分を境に反応の低下が認められたという。同書には『30分ということが、何らかの精神過程持続の変化点として問題としなければならないことになるのかもしれない』と書かれている。

つまり個人差はあるものの**人が「ダレ」や「飽き」を起こさずに集中力を維持できるのは一般的に30分が限界**なのだ。

時間を制限すると仕事が圧倒的に早く終わる

たとえば数ページに及ぶレポートを書くことになったとする。30分かけて1ページ書ければ、1時間で2ページ、2時間で4ページ書けると思うかもしれない。しかし現実はそう単純には進まない。ニューヨークタイムズベストセラー作家のグレッグ・マキューンは、原稿を2時間で2ページ仕上げることができるが、4時間さらにがんばっても3ページしか書けないと語る。せっかくなので、彼の例を使って簡単な頭の体操をしてみよう。

グレッグの執筆量は2時間で2ページ、4時間で3ページだという。彼が毎日4時間原稿を書くとしたら、12ページ書きあげるのに4日間・16時間かかる計算になる。一方、毎日2時間だけ取り組んだ場合はどうだろう。同じ12ページを書きあげるのに6日かかるものの、執筆時間は12時間ですむ。１日に取り組む時間を制限しただけで、４時間も節約できたことになる（この効果を以後**「圧縮効果」**と呼ぶ）。

圧縮効果は原稿の量が多ければさらに大きくなる。たとえばグレッグが１２０ページ執筆するとしよう。１日４時間・３ページ取り組む場合、書きあげるのにかかる時間は40日・１６０時間の計算になる。一方、毎日２時間・２ページだけ取り組んだ場合は（60日かかるものの）１２０時間。その差、つまり圧縮効果はなんと40時間だ！

このように圧縮効果は原稿量・作業量が多くなるほど大きくなる。ということは**時間や労力がかかる仕事ほど、１日に取り組む時間を制限したほうが結果的に所要時間が短くすむと**いうことになる。子供の頃の夏休みの宿題はやはりまとめて終わらそうとすべきではなかったのだ。

１回に取り組む作業時間は30分に制限しよう。その理由はここまで書いてきた通りだ。クロックテストやポモドーロ・テクニックで紹介した通り、人が高い集中力を維持できるのは30分が限界だからだ。原稿の例で言えば、毎日２時間の執筆より30分の執筆のほうが１冊の本を仕上げる総時間は短く済む。

ただ、ここで思うだろう。「時間は減っても、その分費やす日数は増えるじゃないか」と。毎日２時間書けば４か月で仕上げられる原稿でも、毎日30分となれば半年かかる計算になる。そうなると締め切りまでに書き上げることができなくなる、と。結論から言えば全く問題ない。無理なスケジュール・締め切りで仕事を引き受けなければいいだけだからだ。そうした無理なスケジュール・締め切りで仕事を引き受けなくて済む交渉術とノウハウは６章に書いてある。

■図1・2　圧縮効果（イメージ）

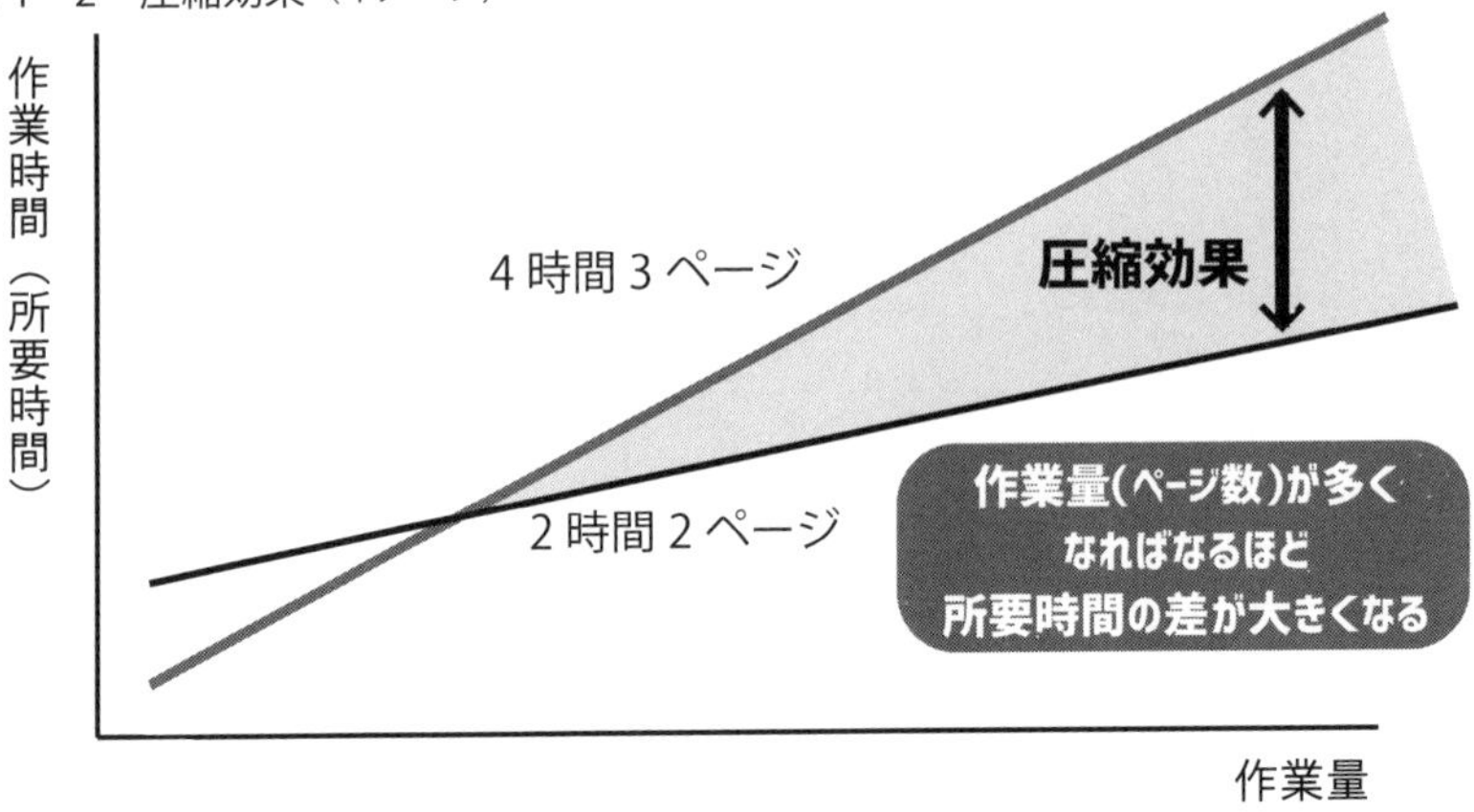

作業時間（所要時間）
4時間3ページ
圧縮効果
2時間2ページ
作業量(ページ数)が多くなればなるほど所要時間の差が大きくなる
作業量

考えてみてほしい。毎日たった30分と思うかもしれない。でも月に20営業日働くとしたら、総時間は10時間に及ぶ。しかもこの10時間はただの10時間じゃない。高い集中力が維持された、質の高い10時間だ。

圧縮効果を思い出してほしい。今君が15時間かかっている仕事も、質が高いこの10時間なら終わらせられる可能性は高い。作業時間15時間を見すえた仕事の場合、締め切りが1か月先なら毎日30分だけ取り組んでも問題なく期限までに仕事は終えられるというわけだ。

「あえて1日30分しかやらない」

締め切りの心配をしなくてもいい理由は、もうひとつある。それは毎日30分だけ取り組むことで生まれる圧縮効果により、君が今抱えている仕事を終わらせるための総時間は圧倒的に減るからだ。今まで10時間かかっていた仕事も7時間で、3時間かかっていた仕事も2時間で終わり、どんどん仕事が片付いていく。

そのうち君は、私のように毎日鼻歌を歌いながら仕事をこなせるようになるだろう。時間的にも精神的にも余裕が生まれ、どんな事態にも対処できるようになる。毎日30分ずつ仕事に取り組んでいて、万が一締め切りに間に合いそうもない事態になったとしても。それこそ余裕をフル活用して一気に仕上げてしまえばいいのだ。

私は7年以上この「30分仕事術」を実践してきているが、締め切りに間に合わなくなり泣きそうになった経験は一度もない。それは私が無理な締め切りは基本的に引き受けないことと、圧縮効果により圧倒的なスピードで仕事をこなせていることが大きい。「お前の会社がヌルいから、できることだろ」と考える人もいるかもしれない。その気持ちはよくわかる。ただ少なくとも私の同僚は毎日かなりストイックに働いている。彼・彼女らは少なくとも私のようには感じていないはずだ。それだけは言っておこう。

さてここまで読んできて、君は半信半疑ながらも30分が仕事に取り組む単位として最適なことはわかりはじめてきているはずだ。ここでひとつ明確にしておきたいことがある。それは30分仕事術の真髄が、ひとつの仕事に1日30分しかかけない点にあることだ。「あえて1日30分しかやらない」、ここがポイントだ。30分仕事術が他の仕事術と大きく異なり革新的な理由はこの点にある。

たとえば少し前に紹介したポモドーロ・テクニックは25分間の作業と5分間の休憩を1セットで繰り返していく手法だ。この手法は一見30分仕事術と似ている。しかしポモドーロ・テクニックには、1日にひとつの仕事に取り組む時間の制限は設けられていない。たとえば1日に原稿を4時間書いても問題ないのだ。その場合、30分1セットを8回繰りかえすことになる。

私の30分仕事術の場合は、1日に30分しかひとつの仕事に取り組まない。この点がポモドーロ・テクニックと大きく異なる。なぜあえて30分しか取り組まないのか。その理由は君の想像の斜め上をいく。説明していこう。

複数の仕事を同時進行で進めるメリット

世界累計で500万部を超えるベストセラー『嫌われる勇気』（ダイヤモンド社）の著者 岸見一郎氏は複数の本の原稿を同時進行で書き進めるという。実は30分仕事術も、複数の仕事を同時進行で進める仕事術だ。ひとつの仕事に1日30分以上かけないことを意識すると、1日の仕事の単位はそれぞれ30分以下となる。そうすると、次ページのイメージのように1日に複数の仕事をこなしていく働き方に自ずと変わる。

複数の仕事を同時進行で進めるメリットは2つある。ひとつの仕事にかける時間を30分と短くすることでダレ・飽きを起こさずに高い集中力とモチベーションを維持して仕事をこなしていけること。もうひとつは、突発的な事象が発生しても仕事をうまくマネジメントできるようになることだ。

たとえば今日の午後、仕事Aに3時間取り組もうと考えていたとする。そんな中、午後に顧客からクレームが入り、午後いっぱい対応に追われることになったとしよう。この場合、午後に取り組む予定だった仕事Aは翌日以降に先送りせざるを得なくなる。そうすると仕事Aの進行に大きな支

■図1・3　打ち合わせなどを除き仕事を30分単位にする

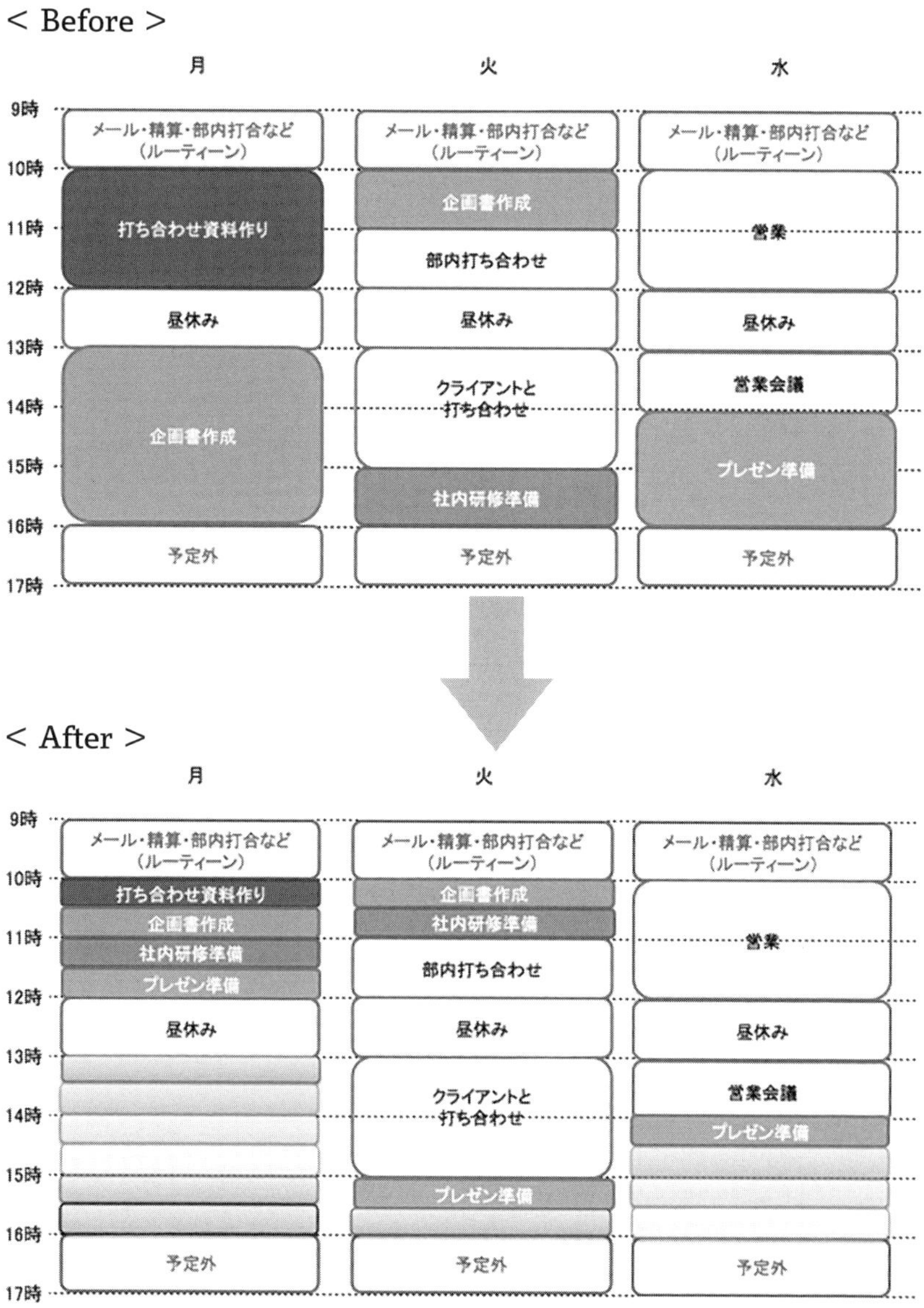

＜ Before ＞

	月	火	水
9時〜10時	メール・精算・部内打合など（ルーティーン）	メール・精算・部内打合など（ルーティーン）	メール・精算・部内打合など（ルーティーン）
10時〜11時	打ち合わせ資料作り	企画書作成	営業
11時〜12時		部内打ち合わせ	
12時〜13時	昼休み	昼休み	昼休み
13時〜14時	企画書作成	クライアントと打ち合わせ	営業会議
14時〜15時			プレゼン準備
15時〜16時		社内研修準備	
16時〜17時	予定外	予定外	予定外

＜ After ＞

	月	火	水
9時〜10時	メール・精算・部内打合など（ルーティーン）	メール・精算・部内打合など（ルーティーン）	メール・精算・部内打合など（ルーティーン）
10時〜11時	打ち合わせ資料作り 企画書作成	企画書作成 社内研修準備	営業
11時〜12時	社内研修準備 プレゼン準備	部内打ち合わせ	
12時〜13時	昼休み	昼休み	昼休み
13時〜14時		クライアントと打ち合わせ	営業会議
14時〜15時			プレゼン準備
15時〜16時		プレゼン準備	
16時〜17時	予定外	予定外	予定外

出典：https://akirako.jp/startover/

障が生じる。もし仕事Aの締め切りが翌日だった場合、不本意ながら3時間余計に残業して終わらせなければならなくなるだろう。

私はこうした予定外の残業が本当に嫌いだ。同じ3時間でも、自分の決めたスケジュールにそって取り組むのと、予定外の残業を強いられて取り組むのとでは天と地の差がある。後者のストレスはとてつもなく大きい。それだけでなく、予定していた飲みの誘いもキャンセルしなければならなくなる。ありえない話だ。

ここでいいニュースがある。複数の仕事を毎日30分ずつ同時進行で進めていれば、こうした事態に陥ることがなくなるのだ。少なくとも突発的な事態が起きてもダメージははるかに少なくなる。同じように例を使って考えてみよう。

たとえば今日の午後に3時間、仕事A～Fの6つの仕事に30分ずつ時間をかける予定だったとする（6つの仕事×30分＝3時間だ）。先の例と同様、クレーム対応に午後半日を費やしてしまった。その場合、取り組む予定だったA～Fの各々の仕事量は30分だけだ。たったそれだけなら各々の仕事を明日に先送りしても仕事の進行上問題ない。そもそも30分仕事術を実践していて、毎日30分ずつA～Fに取り組んでいれば、締め切りが明日でピンチ！　なんて事態になることもまずない。もし万が一締め切りが明日でも、残業しなければならない時間は30分だけ。これなら飲み会にちょっと遅刻するだけですむ（もちろんA～Fの締め切りが全部明日！　なんてことになれば3時間残業だ。でもそんな事態になることはまず考えられない）。

実は私が30分仕事術を生み出したきっかけのひとつは、残業ゼロの働き方を実践していたからだ。毎日17時きっかりに退社するためには、予定外の残業の発生をゼロにする必要があった。しかし予定外の仕事の発生は、いくら私でも避けることはできない。どうしても今日中にこの仕事をやってほしい。そう依頼されることもあるわけだ。

私にはそうした不測の事態が発生しても、仕事をきちんと終わらせて定時に帰る必要があった。どうしたらいかなるときでもそれを達成できるのか。考え抜いて生み出した手法が30分仕事術だった。実際30分仕事術を実践するようになってからは予定外の緊急の仕事が発生しても、残業してまで終わらせなければならない仕事は皆無になった。私はこの仕事術のおかげで人生をより楽しめるようになったのだ。

仕事に早く着手することで得られる絶大な安心感

仕事を同時進行で進めるメリットはまだある。それは抱えている仕事に早く着手することで、その仕事の見通し（全体像）が早い段階で見えるようになることだ。仕事というものは実際に取り組んでみないとどれだけ時間がかかるか、どれだけの労力がかかるかイメージできないことが多い。

たとえば仕事でレポートを書くことになったとしよう。ネットでのリサーチに30分、資料を読むのに1時間、レポートを仕上げるのに2時間、全部で4時間もあれば十分と考えたとする。しかしいざリサーチをはじめると、思うようなデータが出てこない。ようやくリサーチを終えて資料を読みはじめると、思っていた以上に難しい。さらにレポートを仕上げるために別の資料を読まなければ

■図1・4　仕事に早く着手する効果

先の見通しがつかない

↓

不安になる

心理的障壁が下がり
スケジュールの見通しもつく

↓

余裕が生まれる

ばいけないことが判明する。けっきょく4時間の予定が8時間かかってしまう。こうした経験をしたことは誰でもあるはずだ。このように仕事は実際に取りかかってみないと全体像が見えてこない。

仕事の見通しが早い段階で見えない問題点はいくつかある。ひとつは自分が抱えている仕事が締め切りまでに無事終わるのか、常に不安がつきまとうことだ。長時間労働をしていた頃、私は毎日「仕事が爆発してしまったらどうしよう」という不安に苛まれていた。たくさんの仕事を抱えていたが、当時は同時進行で仕事を進めるという発想がなかった。その大半が未着手の状態だった。そうすると「このペースで毎日働いていて、無事全ての仕事を締め切りまでに終わらせることができるのだろうか」という不安が払拭できない。自分が抱えている仕事の見通し・全体像が全く想像できなかったからだ。私がわかっていたことはただひとつ。とにかくたくさん、やらなければいけない仕事がある。それだけだった。不安でしかたなかった私にできることは限界まで毎日長時間働くことだった。

しかし30分仕事術を実践すれば、当時の私の悩みは簡単に解決することができる。複数の仕事を毎日30分ずつ同時進行で進めていけば、未着手の仕事がなくなっていく。先にも書いた通り、仕事は着手すればその仕事にかかるであろう時間や労力が想像できるようになる。手に入るのは安心感だ。

君は以前と比べて自分の仕事をコントロールできている感覚を味わうことができる。少なくとも以前のように目の前の仕事に取り組みながら「あの仕事はまだ全然手をつけられてないけど、期日までに終わらせられるかな」などと思わずにすむ。あらゆる仕事も着手さえできていれば、期日までに終わりそうか想像できるようになるからだ。

昔の私のように、あの仕事は締め切りまでに間に合うだろうかなどと心配している状態では目の前の仕事に100％集中することもできない。当然、仕事の生産性は低下する。30分仕事術を実践すれば、常に仕事をコントロールでき、不安は限りなくゼロに近づく。目の前の仕事に100％集中できるようになる。

時間ロスをなくし最短ルートで仕事を仕上げる方法

仕事に早く着手するメリットは、不安を払拭できることだけに留まらない。**仕事の段取りがよくなり、最短ルートで仕事を終えられるようになる。**

たとえば私が会社で社外の人も含めた勉強会の企画・立案を任されたとしよう。開催は準備もそれなりにかかるので、半年後くらいと言われた。その場合、今の私ならはじめの30分で次のように作業を書き出すことからはじめる。

①勉強会の内容・構成を考える
②上司から①を承認してもらう
③当日発表してもらう人物にプレゼンの準備を依頼する
④出席者のスケジュールを確認して日程を決める
⑤会議室を確保する
⑥日程の詳細を案内する
⑦懇親会の店を予約する
⑧懇親会の乾杯と終わりの挨拶をお願いする人物に依頼する

長期間にわたる仕事ほど、手順や段取りを整理・検討してから取り組むことが大切だ。そうしないと大抵の場合回り道をして時間を大幅にロスすることになるからだ。同じタスクでも、昔の私なら「まず日程を決めないと」と焦りながら関係者の日程調整からはじめただろう。その結果……。

日程調整を終えて、勉強会の企画を上司と詰めた後で数人の社外関係者にプレゼンを依頼する必要があることに気づく。あわてて依頼すると「準備に1カ月以上はかかるから、そのスケジュールではとても間に合いませんね」と言われた。さぁ、どうする？

なんとか調整して、社内外の参加者に確認も取れて案内まで終えた。あとは会議室を確保するだけ。だが空いてない！　さぁ、どうする？

同僚のおかげで会議室問題もクリア。勉強会も無事終了し、懇親会に。だが直前になって、重鎮の列席者に乾杯の挨拶を頼んでおくのを忘れていたことに気がつく。さぁ、どうする？

極端な例だと思うかもしれない。だが昔の私はこれに似たような経験を何度かしたことがある。

仕事を効率よく進めるためには段取りを事前に整理・検討しておくことが極めて重要だ。同じ仕事でも作業に取り組む順番を間違うと時間ロス（時には大ダメージ）につながる。仕事に早く着手して最初に段取りを整理する習慣をもつことができれば、時間ロスのリスクを格段に減らし、最短ルートで仕事を仕上げられるようになる。その具体的なやり方については4章で詳述する。

「まとめて取り組んだほうが早い」という神話に対する考察

企画書作成など数時間～数十時間以上かかるような仕事は、まとめて一気に仕上げてしまったほうが早い。そう感じる人もいるだろう。実は私自身も昔はそう考えていた。たとえば3時間で終わる見込みの仕事があれば「よし、今日の午後全部使って一気に終わらせるぞ！」と意気込んでいた。このやり方で数々の仕事を先送りしてきたことはここまで書いた通りだ。

作家が本を書くために山にこもる。そんな話を聞いたことがある人もいるだろう。たしかに、まとめて一気に終わらせるという仕事のやり方をしている人はいる。お笑いコンビ「キングコング」の西野亮廣氏は以前本を書くために10日間山にこもり、1日15時間執筆していたという。一方、作家全てが西野氏のように本を書きあげるわけじゃない。ベストセラー作家の村上春樹氏は執筆作業を細分化して毎日同じペースで取り組むことで有名だ。毎日400字詰原稿用紙10枚を書くことをルールとしているという。

同じ本を書く行為でも、まとめて一気に終わらせるやり方（西野式）と、仕事を細分化して毎日少しずつ同じペースで取り組んでいくやり方（村上式）があるわけだ。どちらのやり方がはたして効率的なのか。私は村上式に分があると考えている。その理由はここまで書いてきたことを考えれば想像がつくと思う。あらためて説明しておこう。

「仕事に取り組めなくなる」――西野式の問題点

西野式の最大の問題点は、一般の人だと仕事にとりかかれず先送りしてしまうということだ。取り組むときに「これから●時間もこの仕事に取り組まなければいけないのか…」と感じることになる。そうすると心理的なハードルが上がり「明日また、がんばればいいや」と先送りしてしまう。このスタイルだと今まで通り、締め切りギリギリまで仕事に取りかかれない。

するとどうなるか。「ヤバい。締切が近づいているのに全然やれていない」と追い詰められるストレス。いざ仕事にとりかかってみたら予想以上に大変な仕事であることが判明し「今日は深夜まで残業だ……」という予想外の残業の発生。あるいは「事前にAさんに資料をお願いしなければいけなかった。今からだと締切に間に合わない……」という不測の事態の発生。いずれも社会人なら誰しもが経験したことがあるはずだ。また、まとめて片付けようとするとトラブルなどの突発的な事象が発生したときに困る。この話もここまで書いた通りだ。

要するに、西野式は玄人向けの仕事のやり方なのだ。仕事に熟練していれば、心理的ハードルを乗り越えることも難しくない。おそらく西野氏にとっては15時間執筆に取り組むことは難しくないのだろう（私なら取り組めずにハイキングに出かけることになる）。一般のビジネスパーソンにとってはまとまった時間を確保することも難しい。そう考えると西野式は一般のビジネスパーソン向けではないと言える。

村上式をさらに進化させた「30分仕事術」

仕事に取り組めなくなる原因となる心理的なハードルを下げるために最も有効なのは、仕事を細分化して毎日少しずつ取り組んでいく村上式の考え方を取り入れることだ。村上氏は仕事を作業単位（原稿用紙10枚）に細分化して毎日少しずつ取り組む方法を教えてくれた。

30分仕事術は村上式の考え方をさらに進化させたものだ。村上式では原稿用紙10枚という作業単位に着目している。30分仕事術は、30分という時間単位に着目する。**作業よりも時間に着目することでさらに心理的ハードルを下げることができる**からだ。本書の冒頭に紹介した「（仕事に）ただ時間をかければいい」というルールだ。

たとえば今私はこの原稿を書いているが、この原稿を書くときに「よし。今日は5ページ書くぞ！」などと思えばプレッシャー（心理的なハードル）を感じ、書くことがとんでもなく困難になることだろう。

人は仕事に取り組むときに一定の成果（この場合は5ページ）を期待すると、心理的なハードルを感じる。そのことがわかっている私はこの原稿を書く前に「よし、ひとまず30分。この原稿に時間をかけよう」とだけ誓う。そうすることで、無事執筆に着手できているのだ。

同様に君が仕事に着手するときも成果・アウトプットに着目せず、取り組む時間にだけ着目すべきだ。レポート作成ならば「今日は2ページ書こう」ではなく「30分時間をかけよう」と思うようにする。勉強だってそうだ。「今日は参考書を10ページやるぞ」ではなく、ただ「30分勉強しよう」と思えばいい。そうして毎日30分だけ取り組んでいくほうが結果的に効率がいいことはここまで書いてきた。

1日にあえて30分しか仕事をしない。そのほうが効率良く働けることはわかってもらえたと思う。次の問題はどうやって30分仕事術を実践するかだ。

次の章からは30分仕事術を実践するための具体的な方法を書いていく。だがその前に、読者の頭にこの段階で思い浮かんでいるだろう質問をＦＡＱとして回答しておこう。

Q1 30分以上続けたい場合も途中でやめたほうがいいのか？

この質問はセミナーでもよく受ける。仕事がノってきても、あるいはキリが悪いところでも30分で仕事を切り上げるべきなのか。結論から言えば、答えはYESだ。

理由その1。余計に時間をかけるということは、別のことに使う時間がなくなることを意味する。1日は24時間。毎日1時間運動することを決めたなら、その1時間は別の何かをあきらめることになる。それはゲームの時間かもしれないし、睡眠時間かもしれない。

同様に30分予定していた仕事に1時間取り組めば、その30分を費やした分、取り組む予定だった別のタスクに時間を使えなくなるということだ。ひいては、予定通りにタスクを遂行したいなら30分残業しなければいけなくなる。予定通り仕事をこなしていきたいなら、30分を超えて仕事をしないほうが賢明だ。

もうひとつの理由は、30分以上取り組むと翌日「昨日がんばったし、今日はいいや」と先送りする口実を自分に与えることになりかねないからだ。30分仕事術の真髄は、先送りを防ぎ、毎日コツコツと確実に仕事を進めていく点にある。ノッているときはがんばり、そうでないときは手を付けない。それではこれまでと何ら変わりがない。30分仕事術を実践する意味もなくなってしまう。

30分仕事術を支えているのは「30分だけ取り組む」という自分に対する約束だということを忘れ

てはいけない。

仕事がノってきているのに、やめるなんてもったいない。そう君は感じるかもしれない。しかしそうとは限らない。キリが悪いところで終わった場合、翌日「早くその仕事に取り組みたい」と思うのだ。これは翌日の仕事に着手する原動力につながる。こうした理由から私はむしろキリが悪いところで仕事を終えたほうがいいとすら考えている。

中途半端で終えると、どこまでやったのかわからなくなってしまう。そんな意見もセミナーでよく聞く。しかしこれは自分への引き継ぎをしっかり行っておけば全く問題にならない。そのやり方は4章に書いている。

以上の理由から、30分仕事術を実践するなら。どんなに仕事がノっていても、キリが悪くても30分で終わらせること。これが原理原則となる。

Q2 取り組む時間はどうしても30分でなければダメか？

結論から言えばＮｏだ。元も子もないじゃないか！　と思うかもしれない。まずは私の話を聞いてほしい。

30分仕事術の目的は大きくいって２つ。仕事へのハードルを低くすることで、着手しやすくすること。もうひとつは生産的に仕事に取り組めるようになることだ。

もし君がこの２つの目的を達成できるなら、時間は45分でも1時間でもかまわない。30分はあくまで原理原則。２つの目的さえ達成できるなら、取り組む時間は自由に決めてもらってかまわない。

たとえば本書の執筆は1時間単位で取り組んでいる。今の私にとって執筆に着手することはそう難しくないし、1時間までであれば意欲高く取り組めることが経験上わかっているからだ。1時間を超えると意欲が下がるのを如実に感じる。だから1時間以上は極力取り組まないようにしている。

逆に心理的ハードルが高い仕事であれば、取り組む時間単位を30分以下にすることもある。たとえば私は今、小説の執筆にチャレンジしている。毎日取り組む時間は15分だ。なぜか。今の私にとって小説を書くこと自体慣れていないため着手することがとても難しいからだ。毎日30分取り組もうと思えば挫折してしまうことが容易に想像できる。だからこそ毎日15分に設定しているというわけだ。

大切なのは時間単位そのものではなく、２つの目的を達成するベストな解を自分で見つけることだ。ただ、答えが見つかるまではまずは30分からスタートしてみてほしい。慣れてきたら取り組む時間を必要に応じて変えていく。こうした姿勢で臨むのがベストだ。

Q3 30分仕事術の考え方は仕事以外でも活用できるのか？

答えはＹＥＳだ。勉強、運動、副業、なんでも活用できる。30分だけ時間を使う。そう思えば大抵のことは取り組めるはずだ。それでも取り組めないものはＱ２に書いたように、時間単位を減らしてみるといい。たとえば私はランニングをするときは15分走ることにしている。30分走ろうと思うと、私の場合強い心理的抵抗を感じるからだ。

30分仕事術の考え方を人生に取り入れれば、思い通り習慣を作ることができる。ぜひ君も取り入れて人生を変えてほしい。

本章のまとめ

◉ひとつの仕事を1日でまとめて一気に終わらせようとすると、心理的ハードルが上がってしまい着手が難しくなる。途中でダレ・飽きも生じて生産性も低下する。1日30分に制限して毎日少しずつ取り組むことで着手が容易になる。高い意欲と集中力をもって取り組めるので結果的に短い時間で仕事を終えることができる。

◉「30分ただ時間をかければいい」と思えばさらに着手しやすくなる。着手さえできれば仕事は進む。

◉複数の仕事を同時並行で進めると突発的な事象に対してうまく対応できるようになる。また、早く仕事に着手することで不安がなくなる。仕事全体の見通しが見えるようになり、仕事の段取りもよくなる。最短ルートで仕事を終えられるようになる。

AI時代に求められるスキル

ＣｈａｔＧＰＴ（チャットジーピーティ）－４を使ったことがある人は想像できるかもしれないが、ＡＩの進化がとんでもないことになっている。たとえば堀江貴文氏は著書『夢を叶える力：世界初？　AI（CHATGPT）で99％書かれたビジネス書』（ホリエモン出版）をそのタイトル通り、99％をＡＩで書いたという。私もＣｈａｔＧＰＴ－４を普段使っているのでわかるが、これは十分可能だ。試しにＣｈａｔＧＰＴで「タスク管理について、何か記事を書いてみて」と極めて曖昧な指示を出してみてほしい。それだけでそれらしい文章を書きあげてくれる。より具体的に指示をすれば、さらに良い文章ができ上がる。こうした結果を目の当たりにすれば、堀江氏が言っていることは誇張ではないことは誰にでもわかるはずだ。

もっと衝撃的な話をしよう。Ｇｏｏｇｌｅ Ｘの元最高業務責任者であり、業界の最先端で働いてきたモー・ガウダット氏。彼によると、ＣｈａｔＧＰＴ－４のＩＱはテスト結果で評価すると１５５にのぼるという。現時点で大半の人類よりも知能が高いのだ。ちなみにアインシュタインは１６０だったされる。しかも旧版のＣｈａｔＧＰＴ－３・５より倍賢く、その更新はわずか数カ月。これから数か月で知能がさらに10倍になるとしたら？　そのときこそ世界は大きく変わるとモー氏は指摘する。

では世界はどう変わるのか？　ＡＩの専門家たちの話を聞いていると、長いスパンで見れば楽観的に考えている人が多い。ターミネーターのような世界がこないとは言いきれない。しかしどちらかというと、ＡＩが人間に代わり仕事をこなしてくれるようになり，人々は働かなくていい時代が来る。ユートピアが待っているというのが専門家達の見解だ。

これは一見聞こえがよいかもしれない。しかし、生きがいの喪失などの深刻なリスクも想定されている。たとえば本や音楽、映画、アート全てにおいてＡＩが人間を凌駕し、何をやっても人間は太刀打ちできない。そのとき人類は何を生きがいにし、どう生きるのか――。我々は問われることになるというわけだ。

しかし実は、そんな時代が来る前に訪れる大きな危機がある。それは過渡期にともなう大きな変化だ。ＡＩを活用する人が、そうでない人々を置きかえる時代。多くの人が仕事を奪われ、とんでもないことになる。これが専門家の見解なのだ。しかもこの変化は２０４０年、５０年の話ではない。むしろ2～3年以内に訪れるとされている。

たとえばＣｈａｔＧＰＴ－４の10倍の知能をもつＣｈａｔＧＰＴ－５がリリースされた世界を想像してみてほしい。現状でもビジネス書1冊を書き上げる知能を有するのに、そこからさらに10倍だ。ＡＩを使いこなせるか否かで仕事の生産性にとんでもない格差が生まれる。これは想像に難くない。ＡＩを使いこなせない人は失職する。このことも間違いなさそうだ。

私でさえ、このことに恐怖を感じている。

ただひとつだけ、私が人より優れていて頼りになると考えているスキルがある。それは（タスクを）実行する力だ。

いずれタスク管理もＡＩに任せられるようになるだろう。自分が抱えているタスクをＡＩに説明して、どの順番でどうこなしたらいいか教えてと言えば最適な順番で計画を作ってくれることはまちがいない。ＡＩの進化により、タスク管理能力に差は生まれなくなるはずだ。

一方、明確な差が生じるのがＡＩに提案された計画を実行する力だ。たとえばタスクＡをこなせと提案されても、それを先送りしてしまえばいくら理想的な計画を提案されても意味がない。ＡＩが衝動の脳まで管理してくれるわけではないからだ。

つまり、少なくともＡＩが人間の仕事の全てを置きかえる時代がやってくる前、すなわち過渡期に（ＡＩを使いこなすスキルとは別で）必要となる重要なスキルのひとつは実行力となるはずだ。そういう観点で本書はこれからの時代を生き抜く武器になる。私はそう確信している。

タスク管理システムを作る

30分仕事術のエッセンスは一言で言えば「ひとつの仕事に1日30分だけ取り組む」というシンプルなものだ。このことを意識するだけで、君の仕事は驚くほど片付いていくことだろう。しかし私のゴールは、君に鼻歌を歌いながら仕事をしてもらうことだ。そのためには30分仕事術の効果を最大限に発揮するシステムを作る必要がある。それがこれから話をしていく「タスク管理システム」になる。

この章では、なぜタスク管理システムが必要なのか。その理由の説明からはじめる。その後タスク管理システムを作るための具体的な方法を紹介していく。それでは、はじめよう。

なぜタスク管理システムが必要なのか

タスク管理をはじめる前の私は、いつも仕事に流されていた。メールを受信すれば、すぐさま用件をチェックし返信した。取引先から電話がかかってくれば応対し、依頼された仕事にすぐとりかかった。上司や部下から仕事を頼まれても同様だ。そうして降ってくる仕事に場当たり的に反応して仕事をしていたので、本来自分が取り組まなければいけない仕事にいつまで経っても手をつけることができなかった。

朝の時点で「今日はこの仕事に取り組もう」と思って手をつける。しかし降ってくる仕事に手を止め、気づけば取り組もうと思っていた作業は追いやられたまま、1日がほぼ終わってしまう。そうして締め切りギリギリになった仕事を、ケツに火がついた状態で残業しながら必死に片付ける。

これがいつものパターンになってしまっていた。こんな経験は誰にでもあることだろう。だからこそこの本をはじめ時間管理の書籍が多数出版されてきたのだ。

ではどうすれば降ってくる仕事に流されず、主体的に仕事をこなしていけるようになるのか。

この問いへの答えの鍵は「予定（スケジュール）しておくこと」にある。予定されたスケジュールは実行される可能性が高いからだ。

たとえば今日の15時から会社で重要な会議があるとする。君は余程のことがない限り、会議に時間通り出席するはずだ。たとえ14時50分に取引先から電話がかかってきても「これから予定があるので後でかけ直します」と伝えるだろう。あるいはそもそも電話がかかってこないように14時30分くらいからスマホを機内モードにしているかもしれない。そう、人は予定しているとその予定を中心に行動するようになる。逆に言えば、予定していないことは実行されないのだ。

ライフスタイルデザインで知られるアメリカのベストセラー作家ティモシー・フェリスも、2020年に配信したYouTube動画でこのことを話している。彼は「どうすれば君（ティム）のように、たくさんの仕事をこなしながら創作活動や自分自身をふりかえる内省の時間までバランスよくこなせるようになる?」という趣旨の質問に対し「バランスは見つからない。なぜなら自らスケジュールしなければならないからだ」と語った。

例として彼は、仕事を効率的にこなすために1週間のうち月曜日の予定をブロック（あらかじめ確保する）して、動画を録画、従業員と電話で通話、事務処理といった作業に充てていると話した。またブログを書く日は午前中あるいは昼食前に、あらかじめ執筆する時間を予定・確保すると言う。

彼は「カレンダーに予定しなければ実行されない。物事もうまく進まなくなるし、重要なことに手をつけられなくなる。そして僕はそのツケを払わされることになる」と語る。カレンダーに予定することがバランスよくやりたいことを行うための「(自身にとっての)唯一の手段」と説いた。取り組みたいと思う仕事を確実に実行する秘訣。それは彼が言うように予定しておくこと。すなわち、あらかじめスケジュールしておくことなのだ。

派生する仕事に流されず、主体的に業務をこなすために必要なのはスケジュールすること。このことがわかったら、次に問題になるのは「どうやって仕事のスケジュールを立てるか」だ。

日々の業務には30分以上かかるものはもちろん、一つひとつが数分程度の細々としたタスクまで複数ある。ビジネスパーソンである以上、君はこうしたタスクも抜け漏れなく確実にこなしていかなければならない。１日の終わりになって「やばい、この仕事は今日が締め切りだった！」と気づく程度ならまだいい。約束していた期日を過ぎてクライアントから大目玉を食らうことだけは避けたい。だが膨大な量の仕事を抱えながら抜け漏れなく仕事をこなしていくにはどうしたらいいのか。その解が「タスク管理システム」なのだ。

くわしい手法は後で紹介するが、簡単に言えば**仕事を取り組む日付毎に管理する**。このタスク管理システムがあれば、今日やらなければいけないタスクを抜け漏れなく把握できるようになる。

たとえば今日が6月1日だとする。出勤して引き出しを開ければ、ひと目で6月1日にすべきタスクがわかる。こうした状態を作り上げることができれば、仕事のスケジュールも簡単に立てられるようになる。30分仕事術も実践しやすくなる。

まずはタスク管理システムのイメージをつかんでもらうために、簡単に全体像の説明からはじめよう。

タスク管理システムのイメージと全体像

私が提案するタスク管理システムでは、全てのタスクを取り組む日付で管理する。**ここでいうタスクとは、なすべきこと、つまり仕事ととらえてもらえればよい**。「報告書を作る」「メールを送る」「勉強会の資料を作る」「接待のための店の予約をする」など。なんらかのアクションが必要となるものは全てタスクだ。ひとまずここではそう理解しておいてほしい。

このシステムでは、タスクが発生した段階で取り組む日付を設定するようにする。

たとえば上司から締め切りが6月10日のタスクを与えられたとしよう。そうしたらそのタスクに取り組む日付を決める。6月5日に取り組むと決めたとすれば、6月5日に対応する「箱」にそのタスクを入れる。次ページの【図2・1】のようなイメージだ。こうしてタスクが発生したら、取り組む日付を決めて、日付（箱）毎に整理しておくようにする。

こうしておくと、ひと目で今日やらなければいけないタスクが把握できるようになる。たとえば今日が6月5日なら、6月5日の箱を見れば今日取り組まなければいけないタスクがひと目でわかる。システムが正常に機能しているかぎり、仕事の抜け漏れの心配もなくなる。

■図2・1　タスク管理 - スケジュール

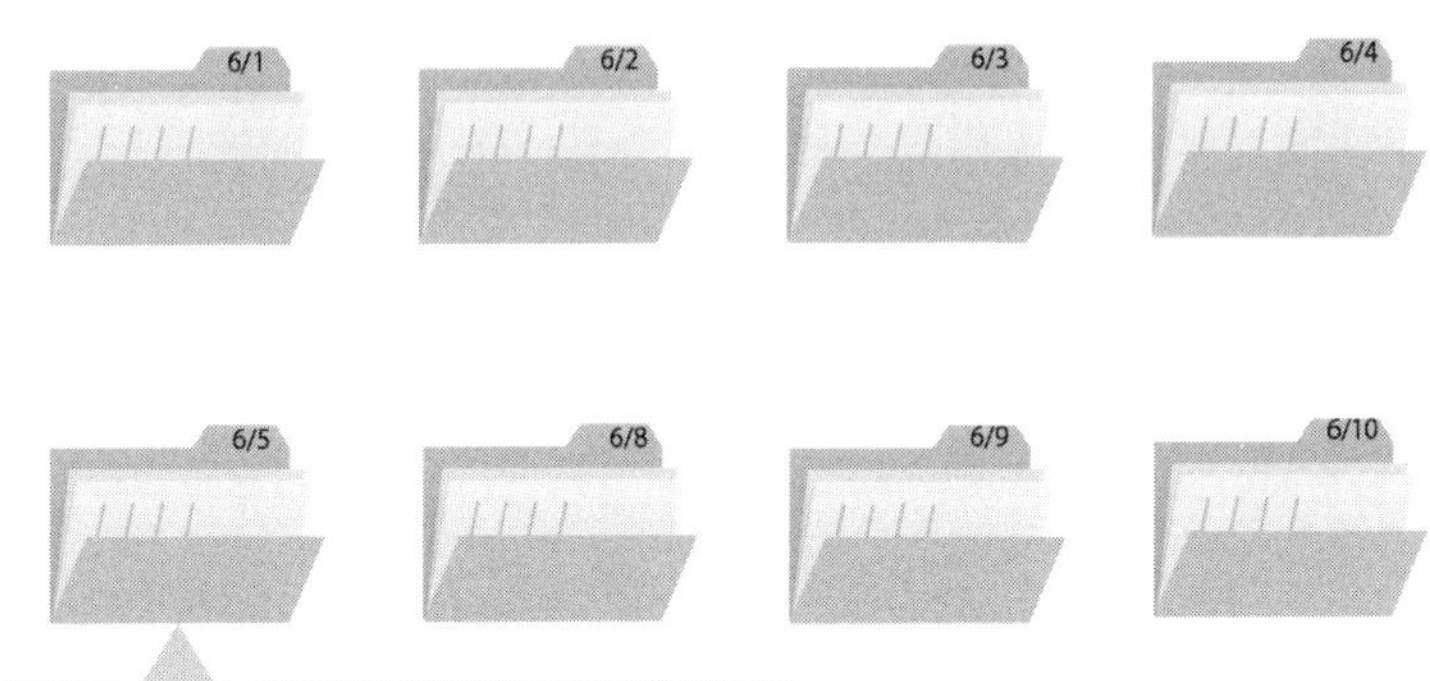

なんとなく私が提案するタスク管理システムのイメージはつかめただろうか。

では次から具体的にどうやってこのタスク管理システムを実現していくのか。説明していこう。

ステップ①　ひとつのタスクを、ひとつのクリアファイルで管理する

先程紹介したタスク管理システムを実現するためのはじめの一歩。それは「ひとつのタスクをひとつのクリアファイルで管理する」ことからはじまる。クリアファイルにはそれぞれのタスクに関連するメモや書類が入っている。このクリアファイルの作り方は簡単だ。

たとえばメールでクライアントや上司から仕事の連絡がきたとする。そうしたら、そのメールを印刷する。そして仕事の締め切りや必要なメモを印刷したメールの余白に書きこみクリアファイルに入れる。もしメールではなくチャットで仕事の依頼がき

■図2・2　タスク管理 - メールでの用件

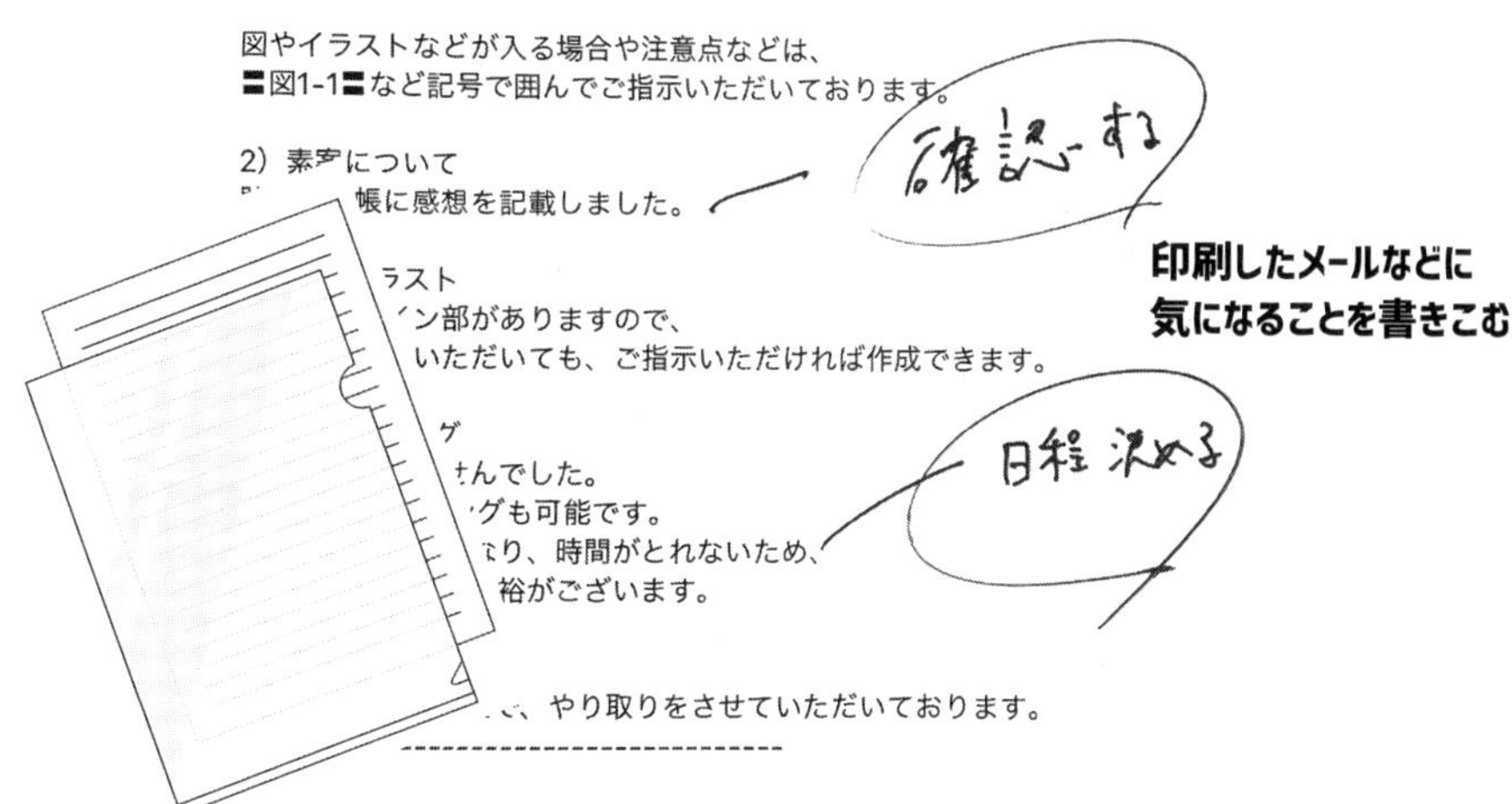

たり、メールを印刷するのが面倒だと感じる場合は印刷する代わりにメモ用紙やふせんに仕事の内容や必要なメモを書きこんでクリアファイルに入れてもかまわない。ここでのポイントは、タスクが発生したら必ずファイルに入れて視覚化できるようにすることだ。

この原則さえ守ってもらえれば、自分なりのやり方にアレンジしてかまわない。

別の例もあげておこう。上司から「この資料をレポートとしてまとめてくれ」といくつかの資料を渡されたとしよう。この場合、私ならメモ用紙やふせんに仕事の内容や締め切り日など必要なことを記載し、関連資料と共にクリアファイルに入れる。もし関連資料が本だったり、ファイルに収まらないほど膨大なときはどうするか。仕事の内容を書いたメモだけクリアファイルに入れ、関連資料は引き出しなどの関連スペースに保管する。

ステップ②　タスクを取り組む日付で管理する

次にやることは、クリアファイル（各タスク）を取り組む日付で管理することだ。

【図2・3】を見てほしい。これは私が10年程前、メンターの吉越浩一郎氏の本に書かれた手法を真似て自分なりにアレンジしてタスク管理をしていた頃の机の引き出しの中を撮影したものだ。見栄えが良くないことは言われなくてもわかっている。当時この写真がまさか10年後、私の記念すべき著書に載るとはさすがに予想していなかった。

10年前の私のリアルを感じてほしい。そう思い、あえてこの写真を君に見せた次第だ。当時の私がきわめて雑にやっていたことを、美しく紹介すると【図2・4】のようになる。

引き出しの中に仕切り（区切り）が31枚あるのがわかるだろうか。これは月の日数と連動している。たとえば今日が6月1日で、上司から1週間後にレポートを提出するように指示されたとする。そこで私は2日後の6月3日にレポートに着手すると決めたとしよう。そのとき「3」の仕切りのところに（レポートに関する資料等の入った）クリアファイルを収納するのだ。そう、数字はその月の日付を指している。6月10日に取り組むタスクならば「10」の仕切りに、23日に取り組むタスクは「23」の仕切りにクリアファイルを入れる。【図2・5】のようなイメージだ。

私はそうしてタスクを取り組む日付の仕切りに入れて管理していた。こうしておくと朝出勤して引き出しをチェックすれば、今日やらなければいけない仕事がすぐにわかる。シンプルだ。

ちなみに取り組む日付が1か月以上先となるタスクがある場合はどうするか。その場合は「31」の後ろにもうひとつ仕切りを作ってそこにまとめて収納するようにしていた。これらのタスクは毎

■図2・3　タスク管理 - ファイリング①

■図2・4　ファイリングイメージ

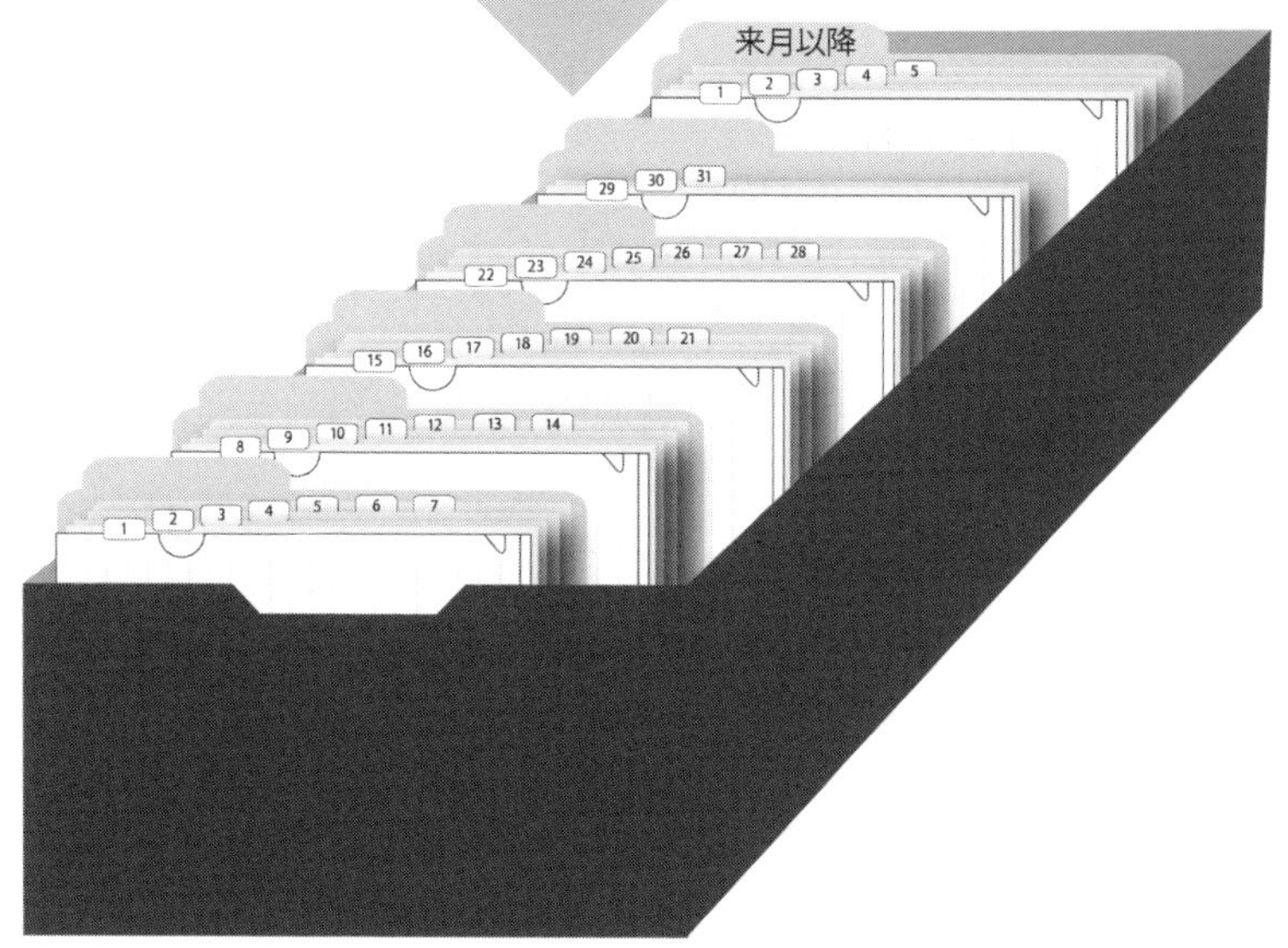

■図2・5　タスク管理 - ファイリング②

月末にチェックする。翌月取り組むタスクがあれば、翌月に対応する各日付（「1」～「31」）に割り振るようにしていた。こうすれば1か月以上先のタスクも問題なく管理することができる。

実際にこの手法を行うとき、「仕切り」に何を使えばよいか迷う人もいるかもしれない。私の場合は【図2・3】のように単純にクリアファイルに「1」～「31」のシールを貼って区切っていた。要は区切りの役割を果たすものであれば何でもかまわない。好きなものを使おう。

さて、ここであらためてクリアファイルと仕切りを使ったタスク管理システムのポイントを整理しておこう。原理原則を簡単に書き出すと次のようになる。

①ひとつのタスクをひとつのクリアファイルで管理する

②タスク毎に取り組む日付を決める

■図2・6　Toodledo画面例

③取り組む日付の仕切りにクリアファイルを入れる

ここまでクリアファイルと仕切りを使ってタスクを管理する方法を説明した。同じことはタスク管理ツールを使って行うことができる。参考までに紹介しておきたい。

Toodledoでタスクを管理する方法

パソコンだけでなくスマートフォンやタブレットなどの普及でＩＴツールを活用している人も多いだろう。そこで無料のタスク管理ツール「Toodledo（トゥードルドゥー）」を紹介しておこう。このアプリは世界中で１８０万人以上のユーザーに愛用されている優良ツールだ。

では実際にどうやって使うのか。タスクが発生したらスマホでアプリを起動し、タスク名と取り組む日付を「入力」する。

たとえばA社へのレポート期日が4月10日で、6日に取り組むと決めたとする。そうしたら【図2・6】のようにタス

■図2・7　Toodledo-抽出一覧

ク名と取り組む日付を入力する。

Toodledoには指定した日のタスク一覧を抽出する機能がある。4月6日になったら、表示されているカレンダーの6日を選択すればよい。そうすると【図2・7】のようにその日のタスクが一覧表示される。これが今日（4月6日）取り組まなければいけないタスクということになる。

やっていることはクリアファイルを使ったタスク管理法と本質的に変わらないのはわかってもらえるだろうか？

クリアファイルの代わりにタスク管理ツールでタスクを管理する方法の説明は以上だ。

次章ではこのシステムを使ってタスクリストを作り、仕事を予定通り実行していく方法を説明していく。その前にあらためてタスク管理システムを作るための原理原則を確認しておきたい。

原理原則の確認。そして、大切なこと

ここまでクリアファイルとタスク管理ツールを使ってタス

クを管理する方法を紹介してきた。わざわざ2種類の方法を紹介したのは、タスク管理システムの原理原則を理解してほしかったからだ。その原理原則を整理すると次の通りになる。

原則①　自分が抱える全てのタスクをタスク管理システムに組みこむ

原則②　タスクは取り組む日付毎に管理する

原則①のポイント。それは自分が今抱えているタスクを文字通り全てタスク管理システムに組みこむことだ。クリアファイルを使ってタスク管理をする場合、自分が抱える全てのタスクをクリアファイル毎（ひとつのタスクをひとつのクリアファイルで管理）に整理する。タスク管理ツールを使う場合は、自分が抱える全てのタスクをタスク管理ツールに入力する。

なぜ私が「全て」にこだわるのか。それはそうしなければタスクの抜け漏れが生じ、タスク管理システム自体を信頼できなくなってしまうからだ。

たとえば「A案件の進捗について2日後に佐藤さんに確認する」という、ささいな作業ならわざわざ管理タスクに組み入れなくてもよいのではないか。そう思うかもしれない。しかし管理するまでもないと、こうした細々した用件をタスク管理システムに組みこむのを怠っているとタスクの抜け漏れを起こしやすくなるだけでなく、業務の多さを把握できなくなる。

「あっ、佐藤さんにA案件について確認し忘れてた！」だけでなく、「あれ、思ったより雑務に時間がとられて当初の見込み通りにいかない」なんてことになりかねない。

思い出してほしい。そもそもこうした事態を起こさないために我々はタスク管理システムをはじめたのだ。クリアファイルを使ったタスク管理ならば、今日が2日なら「2」の仕切りを見れば今日やらなければいけないタスクが漏れなく全て明らかになる。イメージだけでなく、視覚的に「今日やるべきは、これと、これと、これと、これ」と1日のイメージもつきやすい。私達が実現したいのはこの状態だ。それはタスク管理ツールを使ったときでも同じだ。

この状態を作り出すためには漏れなく全てのタスクを認識しなければならない。そうしなければ「ここに入っていないタスクもあったはずだけど…」と感じることになる。**タスク管理システムを完全に信頼できなければ、そもそもタスク管理をする意味自体がなくなってしまう。**

自分が今抱えるタスクはどんなささいなタスクでも漏れなく全て管理すること。この原則を忘れないでほしい。

次の原則②については読んで字の如くだ。タスクが発生したらいつそのタスクに取り組むか、具体的な日付を必ず決める（迷うときは仮でかまわないのでひとまず決めてしまう）。そのうえでタスクを日付毎に管理する。こうすることで毎日、今日やらなければいけないタスクが明確になる。「今日はどの仕事をやろう」などと迷うこともなくなる。

原則①と②のそれぞれの説明は以上だ。ここでわざわざあらためて原理原則を説明したのには当然理由がある。それは原理原則さえ理解できれば、やり方や手法はいくらでも自由に変えられる。このことを君に知っておいてほしいからだ。

この章ではクリアファイルと、Toodledoを使ったタスク管理法の2つの手法を紹介した。しかし人によって「私はスケジュール帳を使ってタスク管理をしたい」や「ふせんとノートで管理したい」などさまざまな意見があるだろう。ツールはなんでもよい。きちんと原則①と②を理解していれば、スケジュール帳でもノートでも、自分にあったタスク管理法を自ら考えることができるはずだ。たとえば原則①にしたがってふせんに全てのタスクを書き出し、原則②に則りノートなどにカレンダーを作って日付毎にふせんを貼って管理する。こうしたやり方もＯＫだ。現にそのような商品も販売されている。ただしふせんの場合ははがれないように注意が必要だ。ふせんがなくなってもタスク自体がなくなるわけではないのだから。

別のタスク管理ツールを使ってもいいし、別のファイリング法を自分なりにアレンジしてやってもらってかまわない。なぜなら「世界中の誰もが絶対にうまくいく方法」なんて存在しないからだ。

言うまでもなく、人はそれぞれ生まれ持った性質や特性が異なる。たとえば仮に大谷翔平選手がこれまでこなしてきた練習メニューが公開されたとして。そのメニューを忠実になぞったとしても誰もが大谷選手のようになれるわけではない。可能性はゼロではない。でもその実現性は限りなくゼロに近いことは君にもわかるはずだ。

大切なことは原理原則を理解して、自分にあったやり方を見つけることだ。この先も私は本書で「こういうやり方がある」「私はこうした」という方法を紹介していく。それは君にさまざまなやり方を紹介することで、時間管理の原理原則を理解してもらうためだ。君には「これなら自分にもできそう」「続けられそう」と思える手法を取り入れて実践してほしい。君自身にあったやり方、すなわち「正解」は徐々に構築していけばよいのだから。

若かりし頃の私もたくさんの本を読み、さまざまなタスク管理法を学んだ。当たり前だがその全てを取り入れたわけではない。私は「これなら自分にもできそうだ」と思えるもののみトライし、自分が続けられる形にそれぞれの方法をアレンジして今に至っている。きっと君も同じ道を辿ることになる。**私にできるのは「提案」だけだ。「答え」は君自身で見つけ出してほしい。**

迷ったらクリアファイルを使ったタスク管理がオススメ

そうは言っても何からはじめていいかわからない。そう悩む人もいるだろう。そんな人のために「まずはこうしたらいいんじゃないか」というガイドラインを書いておこう。

結論から言えば、まずはクリアファイルを使ったタスク管理法を試すことからはじめてほしい。理由は簡単。一番取り組みやすいからだ。君もおそらく「これならできそう」と感じたはずだ。先程も書いたが、まずは「これならできそう」と思えることから小さくはじめることがオススメだ。クリアファイルを使って作業イメージがついたら、次のステップとしてタスク管理ツールを使ったタスク管理法にチャレンジしよう。そうして少しずつステップアップしていくほうが挫折せずにすむ。私自身も最初はクリアファイルを使ったタスク管理からスタートし、その後タスク管理ツールを使いはじめた。タスク管理ツールを使ったことがなければ、まずはクリアファイルを使ったタスク管理法にトライしてほしい。

さて、タスク管理システムの話はここまでになる。次は実効性のある計画・スケジュールをどう作るかという話に入っていく。準備はいいだろうか？　それでは、いってみよう！

本章のまとめ

◉降ってくる仕事に場当たり的に対応していると予定通り仕事は終わらない。予定通り仕事を終わらせるためには仕事を予定（スケジュール）する必要がある。

◉膨大な量の仕事を抱えながら抜け漏れなく仕事を回していくためにはタスク管理システムが必要になる。タスク管理システムは

①自分が抱える全てのタスクをタスク管理システムに組みこむ

②タスクを取り組む日付で管理する

という2つの原理原則が守られている必要がある。

◉原理原則さえ守られていれば、ノート、クリアファイル、タスク管理ツールなど、使うツールは問題にならない。自分にあったやり方を見つけることが大切になる。

シンプルだけど絶大な効果をもたらす「リマインダー」を活用しよう

タスク管理の原理原則は、頭でタスクを覚えておかないこと。それを踏まえたうえで、応用としてリマインダーの活用について話をしておこう。「リマインダー」は予定の10分前などに通知してくれる機能、つまり何かを思い出させてくれる機能と考えたらいいだろう。

たとえば15時から会議があった場合、皆さんなら何時から準備しはじめるだろうか。以前の私は余裕をもって会議にのぞむため、14時30分くらいから準備や移動するのが習慣になっていた。当日はほかのタスクをしていても頭のどこかで「14時30分になったら・・」と時間を意識をしていたため、目の前の作業に集中しきれずにいた。タスクに没頭して会議自体をすっぽかしてしまうかもしれないという不安を抱えていたのだ。

しかしリマインダーを活用するようになり、こうした不安から解放されるようになった。今の私はスマホの機能を使ってリマインダーを14時30分にセットする。アラームと同じで時間になると通知がくるので、それまで会議のことを覚えておく必要がなくなる。そのおかげで目の前のタスクに１００％集中できるようになった。タスクに全集中して取り組めれば成果も上がる。夢中になっていても通知が来たら頭も行動も切り替えられるので不安も一切ない。

リマインダーの活用は、仕事はもちろん日常生活も楽にしてくれるのでオススメだ。たとえば会社帰りに牛乳を買うように頼まれた場合。連絡が来たときは、スーパーに寄るつもりで帰路に就く。だが電車の中で本を読んだりスマホを見ていて、気がつくと家に到着なんてことはないだろうか。しかもせっかくコンビニに寄ったのに、牛乳以外のものを買って帰ったなんてことになったら……。そこで家の最寄駅に着く時間にリマインダーをセットしておく。そうすれば駅に着いた段階で通知がくるので、無事にスーパーに寄って買い忘れを防ぐことができる。

外出するときにハンカチを用意する、朝イチで同僚にお礼を言う、家に帰ったら連休のチケットを予約する。少し先の未来だからこそ忘れやすい、そういった小さなことも予定時刻に通知がくるようにリマインダーをセットしておく。そうすれば覚えておく必要も、忘れて焦ることもない。やってみるとわかるが、この開放感は絶大だ。

スマートフォンを使っていれば、設定方法も簡単だ。iPhoneならリマインダーというアプリが標準セットされている。Androidでもカレンダー機能にリマインダーがある。ちなみに私は次章で紹介する「たすくま」を使用している。

リマインダーはシンプルだが絶大な効果を得られる。仕事だけでなく、日常のちょっとしたことでも是非使ってみてほしい。

実行性のある
計画を作る

【本章を読む前に伝えたいこと】

本章に入る前に。君にがっかりしてほしくないので、大切なことをあらかじめ伝えておきたい。

この章の後半では、タスク管理の原理原則をきちんと伝えるために、有料のタスク管理ツールを使ったタスク管理法を紹介している。そこだけ読むと、私が提案するタスク管理法は有料のツールを使わないと実践できないのか。そうがっかりするかもしれない。しかし「そうではない」というのが、ここで君に伝えたいことだ。

このあと本編を読んでもらえればわかるが、私が提案するタスク管理法はどんなツールを使っても実践できるものだ。ノートでも、エクセルをはじめとした君が使い慣れているツールでもＯＫ。大切なことなので、その理由とともに本章の最後のＱ＆Ａで補足説明をするので安心してほしい。これはやろうと思えば誰にでもできるタスク管理法だ。その前提でこの先を読み進めてほしい。

さて、それでは本編に戻ろう。

２章で降ってくる仕事に流されず、主体的に仕事をこなしていくためにはスケジュールが大切。そんな話をしたことを覚えているだろうか。そう「予定していなければ実行されない」という話だ。この章では、目の前の業務に流されずに確実に仕事をこなしていくために必要な「スケジュールの作り方」を説明していく。スケジュールと言うと、一般的にはカレンダーに予定することを想像するかもしれない。しかし私はより実践的な手法として、その日の「タスクリスト」を作って、その通りに実行している。

まずはじめになぜタスクリストを作ると効果的なのかを説明し、その後にタスクリストの具体的な作り方を紹介していこう。それでは早速はじめよう。

タスクリストで「計画」と「実行」を切り分ける

タスクリストとは、その日に行う作業一覧のことだ。ＴＯＤＯリストとどう異なり、そもそもなぜタスクリストを作ったほうがよいのか。目的は、仕事の「計画」と「実行」を切り分けることだ。**実行を確実にするために「時間」と「集中」という要素に重きを置いて、計画・リストを作成する。**

本書を手にしてくれているのは日々の業務が多く、業務効率を上げたいと悩んでいる人たちだろう。

昔の私もそうだったが、仕事に忙殺され頭が混乱してくると目の前の仕事に１００％集中して取り組むことができなくなる。目の前の作業をこなしていても「あれもやらなきゃ。これもやらなきゃ」と不安になり、ほかのタスクのことが気になってしまうからだ。

人は気になることがあると、１００％目の前のことに集中することができなくなる。家族や友人が緊急搬送されれば、目の前の業務に１００％集中して取り組むことなどふつうの人にはできないだろう。昔の私のように「あれも、これも……」とほかのタスクのことが気になっている状態では、目の前のタスクに集中して取り組めない。結果、自分ではその自覚はないものの仕事の生産性は落ちてしまうのだ。

ではどうすれば目の前の仕事に100％集中して取り組めるようになるのか。そこで重要となるのが**「計画」と「実行」を切り分ける**ことだ。

たとえば仕事中、メンターがつきっきりで君の横について、どの仕事にいつ取り組んだらいいか的確に指示してくれることを想像してみてほしい。仕事をスタートするときに「まずこのタスクから処理しよう」と指示してくれる。その仕事を終えたら「次はこれをやればいいよ」と次の仕事の指示をしてくれる。さらにその仕事を終えたら「次はこれ」と再度指示してくれる。仕事の優先順位もその人がしっかり見極めてくれる。君はただ言われた通りに仕事をこなしていけばいい。

もしこうしたメンターがいてくれたらどうだろう。君は「あれもやらなきゃ。これもやらなきゃ」と不安にならずにすみ、安心して目の前の仕事に100％集中して取り組めるようになるはずだ。だが残念ながら、現実世界ではこんなことはおこりえない。しかし仕事をはじめる前に「上から順番に処理する」という明確なリストを作ることができれば、そのタスクリストはメンターと同じ役割を担ってくれることになる。

どういうことか。ものすごくシンプルな例を使って簡単に説明していこう。

たとえば就業時間を9時から18時までの9時間だとする。そのなかで行うべきタスクのリストを作る。その際タスク名だけでなく、各タスクにかかる見積時間（所要時間）もあわせて考える。

■図３・１　Toodledo- 抽出一覧

タスク名	見積時間
タスクA	30分
タスクB	30分
タスクC	30分
タスクD	30分
：	：
タスクR	30分
	540分（9時間）

【図3・1】では、わかりやすくするために各タスクの見積時間を30分として、全てのタスクの見積時間の合計時間は9時間とした。

仕事をはじめる前にこうしたタスクリストを作れば、君は安心して仕事を進めていけるはずだ。なぜならタスクリストに書かれた通りに上から順番にタスクをこなしていけば、18時に仕事を終えることがわかっているからだ。

始業とともに、リストの一番上に書かれているタスクAに着手する。タスクAを完了したらタスクBに取り組む。タスクBを完了したら次はタスクCに着手する・・といった感じでリスト通り上から順番にタスクを処理していけばよい。どうだろう。タスクリストが先程のメンターと同じ役割を果たしてくれていることがわかるだろうか。

もちろん現実には、リスト通り完璧に仕事が進んでいくことはまずない。取引先から電話がかかってくるかもしれないし、上司や同僚から声をかけられることもあるだろう。しかしそうした「割りこみタスク」に対する対処法さえ身につけていれば（この方法は5章でくわしく説明する）、それらが発生しても君はすぐにまたタスクリストに戻って再び流れるように仕事を進めていけるようになる。戻るための「本線」がしっかり整っていれば、脱線を余儀なくされてもすぐまた軌道修正できるようになるのだ。

ここまで読んで「そんな機械みたいに上から順番にタスクをこなす必要なんてないだろう」と思った人もいるかもしれない。たとえば【図3・1】の場合、必ずしもA→B→C・・という順番でタスクを進めていかなくても各見積時間の合計は同じ9時間なのだからC→A→B・・と取り組んでも問題ないはず。そう考える人もいるだろう。

もし完璧に遂行できる機械であれば、その考え方は間違っていない。しかし人間の場合、事前に順番を決めておかないと、タスクを実行できない＝先送りしてしまうというやっかいな問題が生じる。この先送りを起こさないために必要なのが「上から順番に処理する」というルールなのだ。その理由を説明するために、まず脳の仕組みの説明からはじめたい。

脳科学で考える時間のとらえ方

人は何かしらの作業に着手したり、物事を考えたり、意思決定をするときに脳のエネルギーを使っていると考えられている。ちなみにこの「脳のエネルギー」はタスク管理界隈では「認知リソース」などと呼ばれている。なのでここでは認知リソースと呼ぶことにする。

認知リソースは限りある一種の資源だ。起床直後がフル（満タン）の状態で、朝起きてから時間の経過とともに、何もしなくてもどんどん消費されていく。認知リソースはタスク管理界隈では有名なゲーム「ドラゴンクエスト」のＭＰ（マジックポイント）にたとえられている。たとえばドラゴンクエストでは一番弱い火炎呪文の「メラ」を使うより、一番強い火炎呪文である「メラゾーマ」を使うほうがＭＰを消費する。

これと同じでタスクに取り組むときや物事を考えたりするときも、その内容によって認知リソースの消費量も変わるのだ。簡単な事務処理作業に取り組むより、頭を使う企画書作成のほうが認知リソースを消費する。またＭＰがなくなったら魔法が使えなくなるように。一定の認知リソースがなければタスクに集中して取り組めず、結果的に先送りしてしまう。

以上のことから、認知リソースとタスクの先送りの関係については次のことが言える。

・朝の早い時間帯は認知リソースがたくさんあるので、タスクの先送りをしにくい
・時間の経過や何かタスクに取り組む毎に、認知リソースは減っていく

ちなみに認知リソースを回復する手段は睡眠しかないと言われている。昼寝が「パワーナップ」と呼ばれる所以がこれだ。仕事が思うように進まないときは少し仮眠を取ることで認知リソースを回復することができる。このことも覚えておこう。

認知リソースの仕組みを味方につけて、同じタスクでも取り組む時間帯やタイミングを変えればいい。「企画書作成」という集中して取り組む必要があるタスクなら、夕方ではなく午前の早い時

間帯に取り組むほうがよい。午後になれば君はそれなりに認知リソースを使ってしまっている。その状態ではいざ「企画書作成」に取り組もうとしても、やる気がおきず「あとでやろう」と先送りしてしまう可能性が高まってしまう。消費ＭＰが多いタスクは先送りを防ぐためにも、１日のできるだけ早い時間帯に取り組むのがよいのだ。

一方「経費処理」をはじめとした、あまり頭を使わないような単調な作業は消費ＭＰも少なく先送りはしにくい。こうしたタスクはＭＰがほとんど残っていない夕方の時間帯でも取り組むことができる。どの時間帯に取り組んでもいいなら、わざわざ午前中のような認知リソースが豊富にある貴重な時間帯に取り組む必要はない。

認知リソースについて理解をしてもらったところで、本題に入っていこう。なぜ「上から順番に処理する」ことが大切なのか。大切なことなので丁寧に説明していきたい。

タスクリストなしで仕事をする3つのデメリット

「上から順番に処理する」ことのメリットを説明するためにここでは逆に、上から順番に処理するタスクリストを使わないとどんな**デメリット**が生じるのか。話していこう。

デメリットは次の３点になる。

①認知リソースをムダに消費する

②冷静な判断ができなくなる
③先送りしやすくなる

一つひとつ説明していこう。

①認知リソースをムダに消費する

意外かもしれないが、次にどのタスクに取り組むか意思決定するだけでも認知リソースは消費される。リストに10個のタスクが順不同に書き出されているとする。ひとつのタスクを終えるたびに「次はどれに取り組もうか」と取捨選択する際も、考える分、頭を使うはずだ。ここでも我々は認知リソースを消費しているのだ。

どのタスクに取り組むか意思決定するのに、1回ならたいして認知リソースを消費しないかもしれない。だが1日10回、20回も意思決定していればそれなりに認知リソースを消費する。我々は日々の生活において意識する・しないにかかわらず、さまざまな意思決定を行っている。アップル社の創業者スティーブ・ジョブズやフェイスブックを立ち上げたマーク・ザッカーバーグが、毎日の服装を同じスタイルで統一して日々の決断つまり意思決定の頻度を減らしたと言われているのは有名な話だ。

「上から順番に処理する」とルール化してしまえば、タスクAに取り組んだ後に次はどのタスクに取り組むかなどと考える余地がなくなる。その結果、認知リソースを消費せずにどんどん仕事に取り組んでいけるようになる。

認知リソースは非常に貴重な資源だ。これをムダ使いするメリットはひとつもない。「上から順番に処理する」タスクリストを使って、認知リソースを節約しよう。

②冷静な判断ができなくなる

先にも触れたが、日々仕事に忙殺されている状態では人は冷静な判断をすることが難しい。たとえば仕事が多すぎるため取りこぼしがないようにTODOリストに今日やるべきA~Eまで5つのタスクを順不同に書き出しているとする。今は午前10時。認知リソースが比較的豊富にある状態だ。難敵のタスクBに集中して取り組もうと思った矢先、取引先から電話がかかってきた。先方の上司同席で1週間後にプレゼンをしてほしいと依頼される。ここで君が冷静なら電話を切ったあと、本来取り組もうとしていたタスクBに着手しはじめるだろう。だが、ただでさえ抱えている業務が多いなかTODOリストにさらに新しい作業が加わった。その事態に焦りが生じる。焦りは冷静な判断力を奪う。判断力が低下してしまうと、目の前のやるべきタスクではなく新たに出現したタスクに「ひとまず今取引先から依頼されたプレゼンの準備に取り組もう」と考えてしまうのだ。

そうして気がつけば夕方になる。この時間帯になると認知リソースはほとんど残っていない。ここからタスクBに取り組もうと思っても、もう遅い。君は「タスクBは明日、集中して取り組むか」と考える。結果本来やるべきだったタスクBに取り組めずに1日を終えることになる。

このように、心に余裕のない状態では人は冷静な判断ができなくなり、安易な選択をしてしまいがちだ。これを避けるためには迷いが生じないように「上から順番に処理する」ルールにのっとる必要がある。この話が次の③の「先送りしやすくなる」の話につながる。

③先送りしやすくなる

人がある行動を取ろうとするとき「やるかやらないか」の選択肢、つまり**「迷い」があるとその行動は先送りされる可能性が高まる**。この話は逆に「なぜ人は締め切りギリギリになると、仕事にとりかかれるのか」を考えるとわかりやすい。

たとえば1時間後にはじまる会議で使う資料をまだ作っていないとする。こんなギリギリの状態なら、君は資料作りを先送りしようなどとは微塵も考えず、資料作成にすぐにとりかかるはずだ。なぜか。それは「今」資料作成に着手しなければ間に合わないからだ。このタイミングで君には資料作成に「今」取り組むか、「後」で取り組むかの選択肢がない。仕事を放棄しない限り、そのタスクを先送りするという選択肢が生まれない。だからこそ君は、確実に資料作成に着手することができる。

このことからわかるのは、人は「今やるか、後でやるか」の選択の余地がなければ仕事を先送りしないということだ。

「上から順番に処理する」タスクリストはこうした人の習性を利用して、先送りのリスクを極小化するものだ。リスト通りに上から順番にこなしていくとルール化することで、選択といった「思考」の入りこむ余地をなくす。ここがポイントだ。なぜなら思考の入りこむ余地があるからこそ、人には迷いが生じ、先送りが起きやすくなるからだ。

さまざまな思考の中には「今は疲れてるし、どうしようかな」という迷いも含まれる。こうした迷いが生まれ、選択肢が生じた時点で「負け」だ。しかも次のタスクが難解なものであれば、かなりの確率で先送りするハメになるだろう。これはそこに「迷い」が生まれたからだ。迷いが生じて安易な選択をしてしまった経験は誰にでもあるはずだ。

ロボットのようにルールにのっとり、迷いや選択肢の余地を自分自身に与えないことでどんどん仕事を進めていけるようになるというわけだ。

ここまで「上から順番に処理する」タスクリストの効用について、さんざん書いてきた。まだいまいちピンときていない人もいるかもしれない。今の時点では問題ない。君が実際に「上から順番に処理する」タスクリストを活用していけば、その効果をわかるときが必ず訪れる。なので今は腑に落ちていなくても、この先を読み進めてほしい。

さて、なぜタスクリストを作るといいのか、その理由をじっくり説明してきた。次からはいよいよ具体的にタスクリストを作る方法を説明していきたい。2章でタスク管理システムを使って、自分が抱える全てのタスクから今日取り組むタスクを選ぶ（抽出する）話をしたのを覚えているだろうか。クリアファイルを使ったタスク管理システムであれば、今日が6月1日ならば「1」の仕切りからやるべきタスクがすぐに確認できる。

タスクリストはこのタスク管理システムで抽出した「今日やらなければいけないタスク」を、実

際に取り組む順番に並べかえる行為と理解してほしい。つまりタスクリストを作る手順は、次の①→②という流れになる。

①タスク管理システムから「今日やらなければいけないタスク」を抽出する（2章の話）
②タスクリストを作る

この前提を頭に入れてもらったうえで、この先を読み進めてほしい。

そしてもうひとつ、頭に入れておいてほしい前提がある。2章でタスク管理システムは原理原則さえ守ってもらえればツールや細かいやり方は好きにしてもらってかまわない。そうお伝えした。実はこの考え方はタスクリストの作成にも当てはまる。通常私はタスク管理ツールを使っているが、ここから先はひとまずエクセルを使ってタスクリストを作る方法を説明していく。

多くの方が使ったことがあるだろうエクセルを使って説明したほうが原理原則を理解してもらいやすい。そう考えたからだ。原則さえ押さえられれば、君はどんなツールを使ってもタスクリストを作れるようになる。タスク管理ツールを使うのもいいし、ノートとふせんなどを使って応用してもらってもかまわない。

エクセルを使うのはあくまでひとつの選択肢にすぎない。その前提でこの先を読み進めてほしい。それではじめよう。

1日を2時間毎に区切る「セクション」を作る

タスクリストを作る際に最初に意識してほしいこと。それは1日を一定時間毎に区切る意識を持つことだ。たとえば私の場合、仕事をしている時間を次のように2時間毎に区切って考えるようにしている。ちなみにタスク管理界隈ではこうした区切りは「セクション」と呼ばれる。

・セクションA：7時~9時
・セクションB：9時~11時
・セクションC：11時~13時
・セクションD：13時~15時
・セクションE：15時~17時
・セクションF：17時~19時

セクションを作るメリットは、タスクリストが作りやすくなることだ。実際にタスクリストを作る流れを説明しながら、このことを説明しよう。

エクセルでタスクリストを作る場合、まず【図3・2】のようにセクション・区切りを作る。たとえば今日取り組まなければいけない2つのタスクがあるとする。

■図３・２　エクセルシート－セクション

	A	B	C	D	E	F	G	H
1								
2		タスク名						見積時間（分）
3		セクションA=7-9						
4								
5								
6								
7		セクションB=9-11						
8								
9								
10								
11		セクションC=11-13						
12								
13								
14								
15		セクションD=13-15						
16								
17								
18								
19		セクションE=15-17						
20								
21								
22								
23		セクションF=17-19						
24								

①新しい企画を考える（頭を使う難しいタスク）
②経費精算（簡単なタスク）

どのタスクをどのセクションに取り組むべきか、認知リソースの基準をもとに割り振ろう。

①の「新しい企画を考える」は、どのセクションに入れるべきか。このタスクは頭を使う作業となるので、認知リソースを多く使いそうだ。それならば早い時間帯のセクションA（7〜9時）やセクションB（9〜11時）に取り組んだほうが、疲れがたまってくる夕方よりずっと効率がいいし先送りも防げるだろう。それなら・・・ひとまずセクションAに割り振ろう。こんな感じでセクションを決めていく。

では②の経費精算はどこがよいか。この作業は認知リソースをあまり使わなそうだ。セクションAやBは認知リソースを多く使う①のよう

■図3・3　時間とともに認知リソースは減っていく

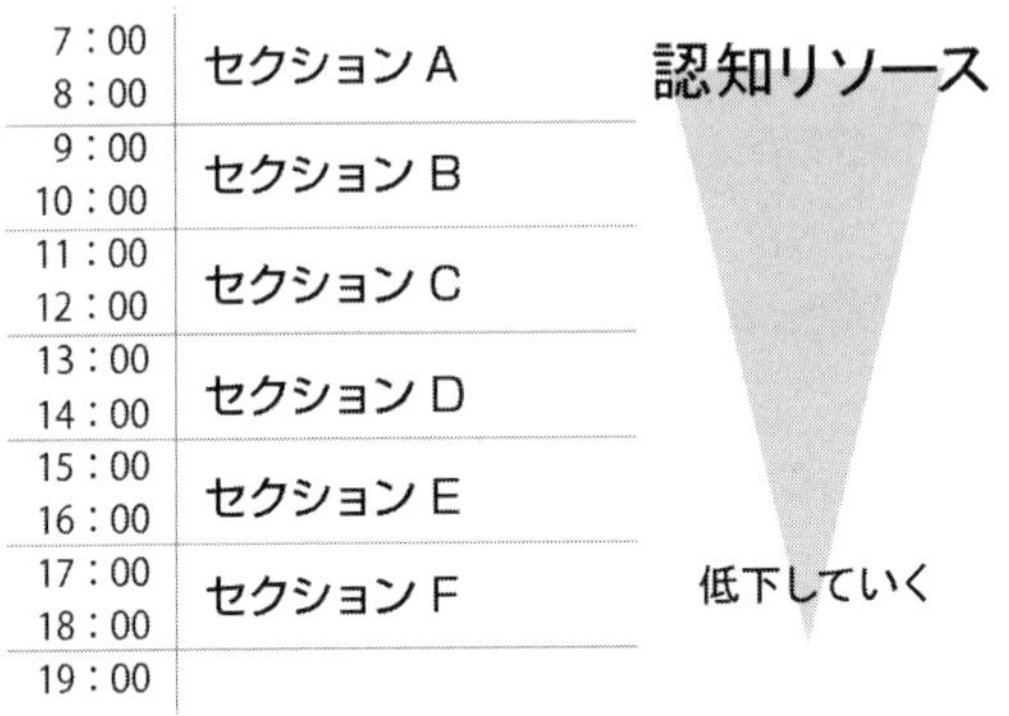

7：00〜8：00	セクションA
9：00〜10：00	セクションB
11：00〜12：00	セクションC
13：00〜14：00	セクションD
15：00〜16：00	セクションE
17：00〜18：00	セクションF
19：00	

認知リソース

低下していく

なタスクのために確保しておきたい。なので私なら②の経費精算はセクションE（15〜17時）以降に取り組もうと考える。

このようにタスクリストを作るということは、今日やらなければいけないタスクをそれぞれが適したセクションに割り当てていく作業と言える。先程の例で見た通り、認知リソースという軸を使えばパズル感覚でどのタスクをどのセクションに取り組むか考えられるようになる。もし今日やらなければいけないタスクが20個あったとしたら、まっさらなエクセルシートを使って1日のタスクリストを作るのは簡単ではない。しかしセクションがあれば、タスクリストは簡単に作れるようになる。

ちなみにセクションは必ずしも2時間で区切らなければいけないわけではない。また、A〜Fまでの6つしか作ってはいけないわけでもない。セクションを作る目的は、タスクリストを作りやすくするためだ。なので3時間毎に区切ってもいいし、セクションも必要に応じて増やしてもらってかまわない。もちろん7~9時は業務外ということであれば、9時スタートでも問題ない。ここではあくまで私のやり方で説明していく。

ただしまずは2時間で区切ることからはじめてみてほしい。ひとつのセクションの時間が長すぎるとセクションを作る意味が薄れるからだ。その理由はこの先を読み進めていけばわかるだろう。

タスクリストを作ることに慣れてきたら、必要に応じて自分の好みに合わせるのがオススメだ。

タスクリストに必要不可欠な時間の概念

タスクリストはまずセクションを作り、やらなければいけないタスクを割り当てていく。このとき大切になるのは、タスク毎にどれくらい時間をかけるのか「見積時間」を設定することだ。なぜ見積時間を設定することが大切なのか。一番シンプルな理由は、セクションが2時間で区切られているからだ。2時間に区切られている以上、各セクションに割り当てられたタスクのそれぞれの見積時間の合計は2時間以内に収まっていなければならない。そうでなければタスクリストは実効性がなくなり、絵に書いた餅にすぎなくなる。

たとえば7~9時のセクションAに4時間分のタスクが入っていれば、言うまでもなく9時までに全てのタスクをこなすことはできない。これではタスクリストを作る意味がない。実行性のあるタスクリストを作るためには時間の概念、タスク毎の見積時間が必要不可欠なのだ。

タスクリストの作成に話を戻そう。タスクリストを作るときはまずセクションを作る。セクションを作ったら、2章で紹介したタスク管理システムから「今日やらなければいけないタスク」を抽出する。ここまでは書いてきた通りだ。

これ以降の流れは次の通りとなる。

①予定終了時刻（終業時刻）を決める
②各セクションにタスクを割り当てていく
③タスクを並び替える

ひとつずつ説明していこう。まず①の「予定終了時刻」とは、何時に仕事を終えるかだ。たとえば今日18時に仕事を終えたいとする。それなら当然、予定終了時刻は18時になる。タスクリストを作るときはまずはじめに、終わりの時間を決めてから②の手順に移ることが大切だ（理由は後述する）。

予定終了時刻を決めたら次は②の「各セクションにタスクを割り当てていく」手順に進む。「今日やらなければいけないタスク」を各セクションに割り当てていく作業だ。このときのポイントは3つある。

ひとつめは先程も書いたが、セクション内に収まるようにタスクを割り当てること。セクションを2時間に設定しているならセクションの中にあるタスクの見積時間は2時間以内に収まっていな

■図3・4　18時に仕事を終えたい場合のセクション

B	C	D	E	F	G	H
セクションE=15-17					セクション合計―	120
タスクA						30
タスクB						30
タスクC						30
タスクD						30
セクションF=17-19					セクション合計―	60
プロジェクトX						30
プロジェクトFOX						30

ければならない。

２つめのポイントは、先程紹介した予定終了時刻を意識してタスクリストを作ることだ。18時に仕事を終えたいならタスクリストに書かれているタスクの見積時間の合計は18時までに終わる量（時間）になっていなければいけない。予定終了時刻が18時なら【図3・4】のようにセクションF（17〜19時）内のタスクの見積時間は1時間以内になっていなければいけないというわけだ。

３つめのポイントは予定をはじめ、あらかじめ時間を取られることがわかっていることを事前にタスクリストに組みこんでおくということだ。会議が9時から10時まであるなら、セクションAにこの会議を見積時間1時間で組みこんでおかなければならない。セクションを2時間毎に作っていれば、当然セクションAの残り時間は1時間になる。

予定以外にもあらかじめタスクリストに組みこんでおかなければいけないものがある。それはメールチェックをはじめとした日々の「ルーティンタスク」に取られる時間だ。

1日の6割を占めるルーティンタスクと割りこみタスク

「ルーティンタスク」とは、一定の頻度でくり返し行うタスクのことだ。クライアントがいれば、メールやチャットのチェックを毎日行うだろう。それらのチェックはルーティンタスクと言える。そのほかにも、毎日の日報もルーティンタスクだ。週に1回レポートを書く。月に1回経費精算をする。これらもルーティンタスクとなる。そして意外と見落とされがちなのが、突発的に発生する「割りこみタスク」も実はルーティンタスクということだ。

「割りこみタスク」とは簡単に言えば、自分が今やっていることを中断して対応せざるを得ない（割りこまれる）事象を指す。たとえば同僚から相談事をされる。クライアントからの電話に対応する。上司から急な仕事を頼まれる。これらは全て割りこみタスクだ。1日に割りこみタスクが「全くない」という人はまずいないだろう。他者との関わりのなかで仕事をする以上、毎日割りこみタスクに一定の時間を取られるのは仕方がない。突発的な業務に毎日時間を使っているなら、割りこみタスクもルーティンタスクなのだ。

スケジュールを組む際は割りこみタスクを含めたルーティンタスクもあらかじめ時間を見積もり、タスクリストに組みこんでおかなければならない。なぜならルーティンタスクには必ず一定の時間を費やすからだ。具体的な例をあげて説明しよう。

長時間労働に悩み、改善に試行錯誤していた頃。私はタスク管理ツールを使って毎日仕事中に時

■図３・５　天引きすると見えてくる本当の持ち時間

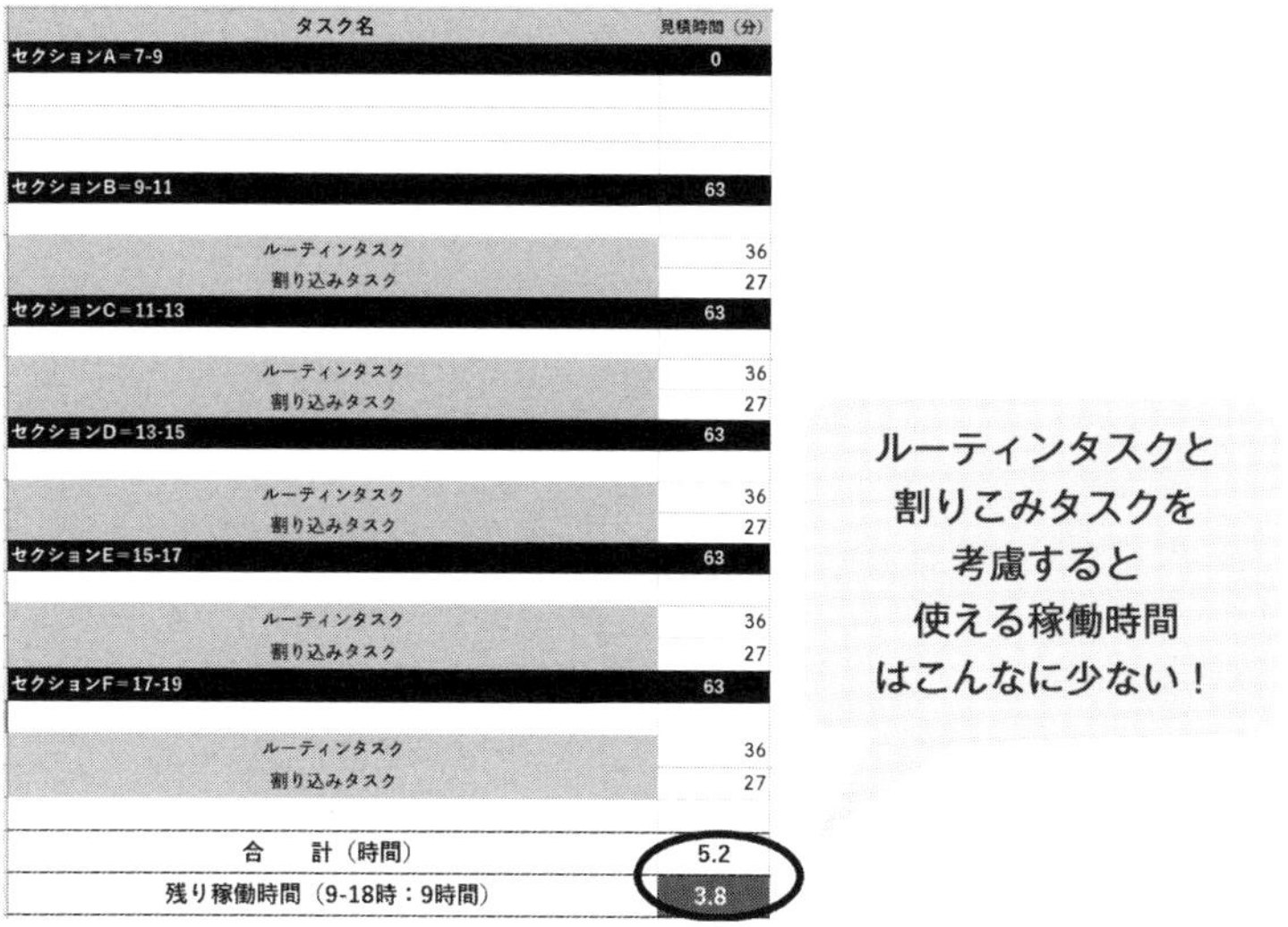

タスク名	見積時間（分）
セクションA＝7-9	0
セクションB＝9-11	63
ルーティンタスク	36
割り込みタスク	27
セクションC＝11-13	63
ルーティンタスク	36
割り込みタスク	27
セクションD＝13-15	63
ルーティンタスク	36
割り込みタスク	27
セクションE＝15-17	63
ルーティンタスク	36
割り込みタスク	27
セクションF＝17-19	63
ルーティンタスク	36
割り込みタスク	27
合　計（時間）	5.2
残り稼働時間（9-18時：9時間）	3.8

ルーティンタスクと
割りこみタスクを
考慮すると
使える稼働時間
はこんなに少ない！

間・行動の記録を取っていた。２０１３年のデータを見返すと、ルーティンタスクに費やしていた時間は１日あたり平均１７９分。さらに割りこみタスクに費やしていた時間は１３３分だった。なんと合計で３１２分、１日に５・２時間費やしていた！　９時から18時まで９時間業務の中で、自由に使える時間は３・８時間しかない計算になる。３・８時間しかないのに９時間分の仕事の計画を立てればどうなるか。当然５・２時間が溢れてしまう。このことに気がついた私は、タスクリストを作る際【図３・５】のようなイメージでルーティンタスクにかかる時間を最初に「天引き」してからタスクリストを作るようにしていた。

　私の場合、１日に５・２時間ルーティンタスクに費やすことは事前にわかっているのだ。ならばタスクリストを作りはじめる前に事前にこの情報をタスクリストに盛り込んでおけばいい。たとえば当時の私は毎朝出勤して朝一番にタスクリストを10分程時間をかけて作っていた。この場合「タスクリストを作る」というタスクをセクションAに見積時間10分で事前に作っておく。それと「昼休み」。昼食の時間もセクションCにあらかじめ組みこんでおく。

割りこみタスクに関しては少し工夫をして組みこんでいた。中断が入りにくいセクションA以外に、均等に27分ずつ各セクションに割り振るようにしていたのだ。そうした理由は2つある。ひとつは当たり前だが、割りこみタスクはいつ（どのセクションで）発生するかわからないから。2つめは割りこみタスクは大抵何回かに分かれて発生することが多く、特定のセクションに「割りこみタスク　133分」などと見積もっても現実的なタスクリストにならないからだ。B～Fの5セクションに27分を割り振れば、トータルで135分になる。

そうして残された時間に、今日実行するタスクを割り当てていく。これこそが現実的な、実行可能なタスクリストを作るために最も大切なことになる。先程私の労働時間の例でも書いたが、実際に自由に使える時間（私はこれを「**本当の持ち時間**」と呼んでいる）が3・8時間しかないのに9時間分のタスクをリストに割り当てれば、予定通り終わらないのは当然だ。この5・2時間が残業という形でしわ寄せとなる。

タスク管理をはじめる前の私もそうだったが、世の中の大半の人が「今日も全然仕事が終わらなかった・・」と挫折感を感じる原因がこれなのだ！　**タスク管理をしていない人はルーティンタスク、特に割りこみタスクに費やす時間が本当の持ち時間を圧迫していることを正しく認識していない。**１日の業務時間を、頭の中で大雑把に見積り立ててしまっているのだ。

しかし「本当の持ち時間」は通常、認識しているよりもはるかに少ない。はるかにだ。予定通り仕事を終えたいなら言うまでもなく、その予定が現実的である必要がある。「現実的である」ということは、予定が本当の持ち時間に基づいているということなのだ。

有効時間を計測する

ではどうすればルーティンタスクに費やす時間を正確に見積もれるようになるのか。一番有効なのは実際にかかった時間を計測して平均値を出すことだ。

実際に割りこみタスクに1日にどれだけ時間を費やしているのか。記録をとってみよう。どんなやり方でもかまわない。同僚から声をかけられたらその時刻を紙にメモし、同僚との会話が終わったら終了した時刻を記録する。そんなシンプルなやり方でいいのだ。覚えておけばよいと思っても話が長引いたり集中して話し込んでしまうと、すっかり忘れてしまうものだ。オススメはスマホアプリをはじめとしたデジタルツールを活用すること。ブラウザ、モバイルアプリいずれでも使える「Toggl Track」は無料で操作方法もシンプルでわかりやすい。後述する「TaskChute2」をはじめとしたタスク管理ツールもオススメだ。

そうして1週間（できれば2週間）記録を取り続けてみる。そのうえで1日あたりの平均値を出せば、かなり正確に時間を見積もれるようになるはずだ。週明けの月曜日と火曜日では、ルーティンタスクが変わってくるかもしれない。月初と月中、月末で大きく変わってくる業務の人もいるだろう。面倒くさいと思うかもしれない。だが君の実際の作業時間ばかりは君にしかわからない。働き方を変えるための投資。そう割り切って、ぜひ面倒くさがらずに実践してほしい。こうして実働に基づいてルーティンタスクの見積時間を設定すれば、かなり正確に「本当の持ち時間」を把握することができるようになる。そして多くの読者が思うだろう。「こんなに割りこみタスクに時間をとられていたのか…」と。

こうして「本当の持ち時間」の考え方を理解すると、誰もが厳しい現実を突きつけられることになる。それは「圧倒的に時間が足りない」ということだ。だが安心してほしい。私もそう思った一人だったのだから。

「本当の持ち時間」の少なさ

よほど仕事に余裕がある人は別として予定やルーティンタスクを天引きしたうえでタスクリストを作ろうとすると、ほとんどの人が今日やらなければいけないタスクの大半がリストに組みこめない。このことに気がつくだろう。イメージにすると【図3・6】のような状態になる。

せっかくタスク管理システムを使って「今日やらなければいけないタスク」を抽出したのに、なんとそれら全てを処理する時間（本当の持ち時間）が足りない。

そんな厳しい現実を突きつけられても、現実は現実だ。君は心を鬼にして、今日取り組むタスクを厳選しなければいけない。

■図３・６　持ち時間と見積時間

タスク名	見積時間（分）	残り時間（分）
セクションA=7-9	0	-
セクションB=9-11	63	57
ルーティンタスク	36	
割り込みタスク	27	
セクションC=11-13	87	33
昼食	60	
割り込みタスク	27	
セクションD=13-15	63	57
ルーティンタスク	36	
割り込みタスク	27	
セクションE=15-17	63	57
ルーティンタスク	36	
割り込みタスク	27	
セクションF=17-19	63	
ルーティンタスク	36	
割り込みタスク	27	
合　計（時間）	5.7	
残り稼働時間（9-18時：9時間）	3.4	3.4

タスク一覧	見積時間（分）
プロジェクトAミーティング	60
レポート草案作成	30
B社見積書作成	30
C社プレゼン資料準備	30
経費精算	20
稟議書提出	20
クライアント来社	60
広告会議	30
合計時間	4.7

今日やらなければ
いけないタスク

本当の持ち時間（3.4H） < 見積時間（4.7H）

タスク管理システムで抽出した今日やらなければいけないタスクから、本当に今日やらなければいけないタスクを選ばなければならない。実際にやってみるとわかるが、この作業はかなり苦しい。どれもこれもやらなければいけないのに「タスクリストに収まりきらない」と絶望を感じることになるだろう。このときに気をつけてほしいのは**各タスクの見積時間を無理に短く設定してごまかさないこと**だ。昔の私の失敗談を例に説明しよう。

タスク管理をはじめたばかりの頃「圧倒的に時間が足りない」と感じていた私は、見積時間を短く設定することで時間を捻出しようとした。たとえば見積時間が30分のタスクがあるとする。この見積時間を20分に設定してしまうのだ。これでタスクリスト上は10分の時間を作ることができる。そうして私は各タスクの見積時間を少しずつ減らしていった。こうすればタスクリスト上、時間を捻出することができる。リストにもっと多くのタスクを盛りこむことができるようになった。

当たり前だが、こんな方法でうまくいくわけがない。私の作戦は毎回見事に失敗に終わった。**見積時間が30分のタスクは、40分かかることはあっても20分で終わることはまずない**。その結果、今度はタスクリスト通りに仕事が終わらないストレスに日々苛まれることになった。君には私と同じ思いをしてほしくない。「もっと多くのタスクをこなしたい」という気持ちはわかる。しかし見積時間を短くするという自分だましはやめておこう。

タスクリストはむしろ多少余裕をもって作るほうが好ましい。セクション内のタスクの見積時間の合計も必ずしも2時間ピッタリでなくてもかまわない。たとえば私の場合、2時間（120分）のセクション内のタスクの見積時間の合計を100〜110分程度に設定して、10〜20分くらいのゆとり（私は「バッファ」と呼んでいる）を持たせて設定することが多い。バッファがあると気持ちに余裕をもって仕事を進めていけるようになるからだ。先程も書いたが大抵の場合、仕事は見積り通りに終わらない。見積時間を30分に設定しても40分かかることも珍しくない。こういうときにバッファがないと、予定終了時刻までに仕事を終えるのが難しくなる。ひいては全体に影響を与えることになるのだ。

もちろんバッファはありすぎても意味がない。たとえば15分で終わるタスクの見積時間を60分に設定したら現実味がないし、そもそも見積時間を設定する意味がなくなる。

多少のゆとりをもってセクションを作る。これが予定通りに完遂できるタスクリスト作りのちょっとした秘訣だ。

長くなったが①「予定終了時刻を決める」に続く、タスクリストを作る手順の②「各セクションにタスクを割り当てていく」の話は以上だ。次は③「タスクを並び替える」の話に移っていこう。

セクション毎にタスクの順番を決める

今日やらなければいけないタスクを各セクションに割り当てたら、次にやることはセクション毎に取り組む順番を決めることだ。タスクリストは「上から順番に処理する」のが基本という話をした。だが今日やらなければいけないタスクが20個あるとして、上から順番に処理するきっちりとしたリストなんてとても作れそうにない。そう感じるかもしれない。しかし全タスクをセクションに振り分けることでそれも簡単になる。なぜならセクション内であればタスク一つひとつの順番を決めることは難しくないからだ。

たとえばセクションAに割り当てられたタスクが①〜③まで３つあるとする。これを①→②→③の順番で取り組むのか。それとも②→③→①の順番に取り組むのか。これを検討することはそう難しくないはずだ。セクションAにあるタスクの順番を考えたのち、同様にセクションBにあるタスクの順番を考える。次にC・・というようにセクション毎にタスクの順番を考えていけば、その作業を終えたときに自ずと全てのタスクの順番が決まるのはイメージがつくだろう【図３・７】。

タスクが20個、30個となるとやみくもに順番を考えていくのは不可能に近い。しかしセクション毎にタスクの順番を決めていけば上から順番に処理するタスクリストを作ることは難しくないの

■図3・7　セクション毎にタスクの順番を決める

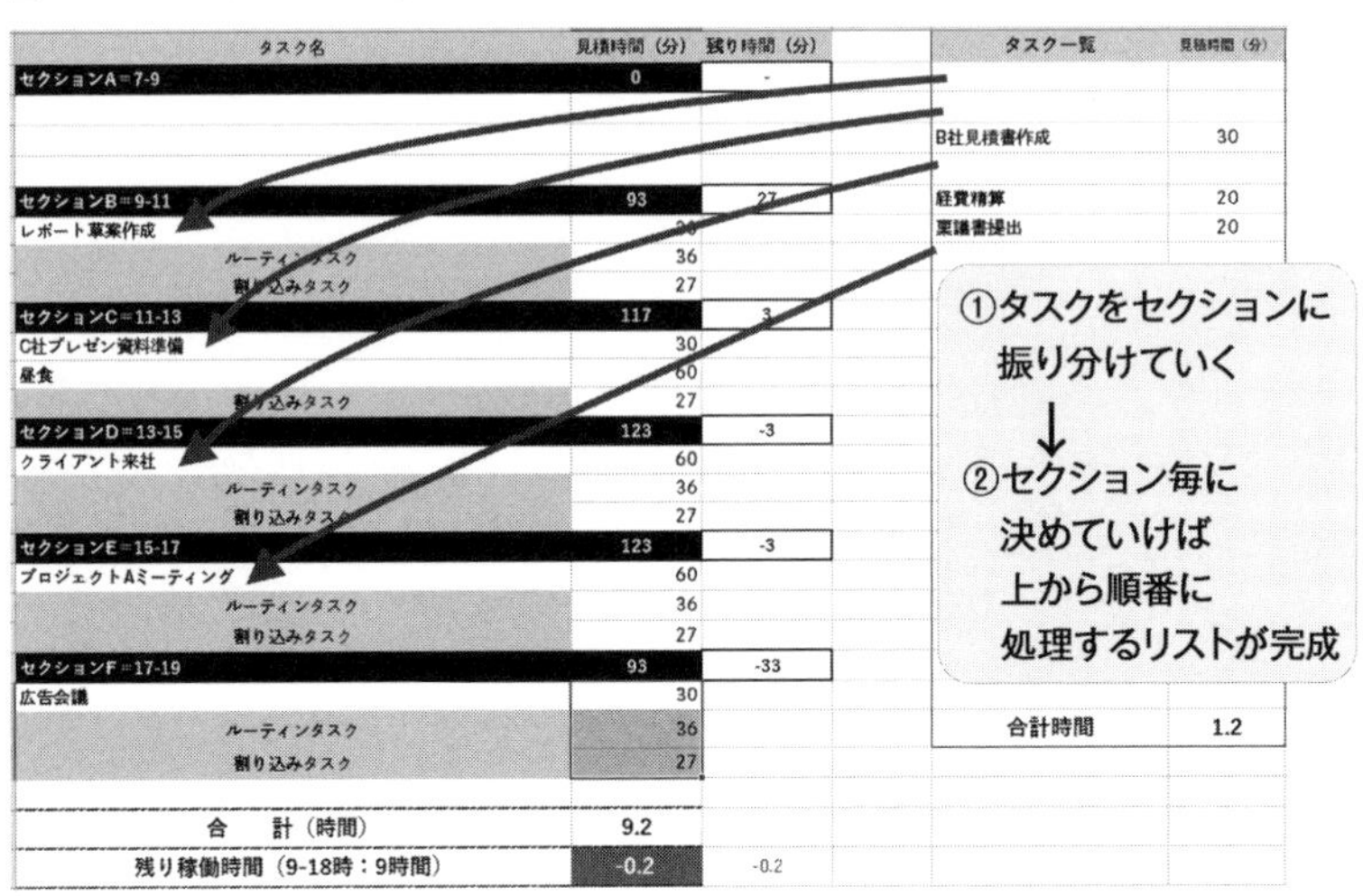

だ。

1日で最も大切な「ファーストタスク」をまず決める

セクション内にある各タスクの順番を考えるときはセクションAの検討からはじめる。セクションAの一番最初のタスクはタスク管理では「ファーストタスク」とよばれる。

ファーストタスクは1日の中で最も認知リソースが豊富にあるタイミング。つまり、最も先送りがされにくく、確実にタスクを処理できるタイミングと言える。だからこそファーストタスクにはその日で一番重要なタスクを割り当てるようにする。ではその日で一番重要なタスクとはどのようなものを指すのか。私は2つの切り口があると考えている。

ひとつは今日やらなければいけないものの中で、最も先送りしやすいタスク。これはあらためて説明する必要もないだろう。ファーストタスクは1日の中で最もタスクの先送りがされにくい。このチャンスに最も先送りしやすいタスクに取り組むのは極めて合理的と言える。

もうひとつの切り口は「その日に絶対に終わらせなければいけないタスク」だ。ファーストタスクに取り組む朝一番のタイミングは、自分のペースで仕事を進められる可能性が最も高いタイミング。上司や同僚から声をかけられたり、取引先から電話がかかってくる可能性は1日の中で最も低い。その日に確実に終わらせないといけないタスクがあるなら、こうした時間帯に取り組んで確実に終わらせるのも有効だ。しかも**今日中に終わらせなければいけないタスクを1日の一番最初に終わらせることができれば、気持ちにも余裕が生まれる**。その後の1日はプレッシャーも和らぎ、リラックスして仕事に取り組めるはずだ。

ファーストタスクを決めたら、次はその次に取り組むタスクを決めよう。このタスクもファーストタスクと同じくらい先送りがしにくい貴重なポジションだ。だからこそファーストタスクの次に重要なタスクを入れるようにする。そうしてファーストタスクの次のタスクが決まったら、また次のタスクを決める。そうしてセクションAの中にある全てのタスクの順番をまずは確定させよう。セクションA内のタスクの順番を決めたら次は同様にセクションB内のタスクの順番を決めていく。その次はセクションC。そうしてセクション順に全てのタスクの順番を決めていけば、最終的に上から順番に処理するタスクリストが完成する。ちなみに朝一番にタスクの振り分けをするのもれっきとしたタスクだ。この段階なら認知リソースにも心にも余裕があるので冷静な判断ができるだろう。

実行前の脳内シミュレーション

上から順番に処理するタスクリストが完成したら最後に、本当にタスクリスト通りに上から順番にタスクを実行していけるのか。自分の頭の中でシミュレーションしてみることをオススメする。たとえば午前中はたしかに難しいタスクに取り組むのに適した時間帯ではある。しかしセクションAとBにひたすら難しいタスクを固めてしまうとどうなるか。いざ実際にタスクリスト通り上から順番に仕事を進めていくと「これはキツい・・」と感じることになる。難しいタスクが連続すると当たり前だがキツい。先送りしてしまうリスクもでてくる。こうした事態にならないためにたとえば難しいタスクを2つこなした後は休憩を入れたり、メールチェックのようなあまり頭を使わないタスクを休憩的な意味合いで組みこむのが効果的だ。こうしたちょっとした工夫をするだけでタスクリストの実効性が格段に高まる。逆に休憩の後はセクションCやDのような認知リソースの少ない時間帯であっても難しいタスクを入れてしまってもいいだろう。

こんな感じでサッとでかまわない。一度完成したタスクリストを自分の頭の中で「実際にこの通り上から順番に処理していけそうか」シミュレーションしてみることだ。慣れてくると1分くらいでできるようになり「あ、ここで挫折しそうだな」などと感じることができるようになる。そんなときはタスクの順番を少し入れ替えたりする。そうすることでよりタスクリストの実行性を高めることができる。そうして最終チェックが終わったら、タスクリストは完成！ということになる。

タスクリストを作るための基本知識は以上だ。次は復習もかねて、ここまでの流れをタスク管理ツールを使ったらどんなイメージになるのか。参考までに紹介しておきたい。

Toodledo の活用

タスク管理ツールについては2章でも少し紹介した。私はToodledoという無料のタスク管理ツールを使って全てのタスクを管理している。Toodledoでは日付を指定することで、その日にやらなければいけないタスクを抽出することができる。たとえば今日が4月6日だとして、今日（4月6日）やらなければいけないタスクを抽出することができる。【図3・8】はToodledoで4月6日に取り組む予定のタスクを抽出したものだ。表示されている内容について簡単に説明していこう。

【図3・8・1】には「A＝7－9」「B＝9－11」をはじめとした色付きの区切りが見えると思う。これらはセクションの区切りだ。Toodledoでは、このようにセクションを設定することで区切りを作ることができる。

各セクションの中にはすでに、いくつかのタスクが割り当てられているのがわかるだろう。これらは私が手動で割り当てたものではなく、自動設定でルーティンタスクが挿入されているのだ。たとえばセクションAの一番上にある「Toodledo➡タスクシュートへの転記」は、毎日セクションAで見積時間5分で行うタスクとして登録してあるものだ。割りこみタスクも同様に「割りこみ用バッファ」というタスク名でセクションB～Fに27分ずつ割り当てている。Toodledoではこう

■図3・8・1　Toodledoではルーティンタスクが天引きされる

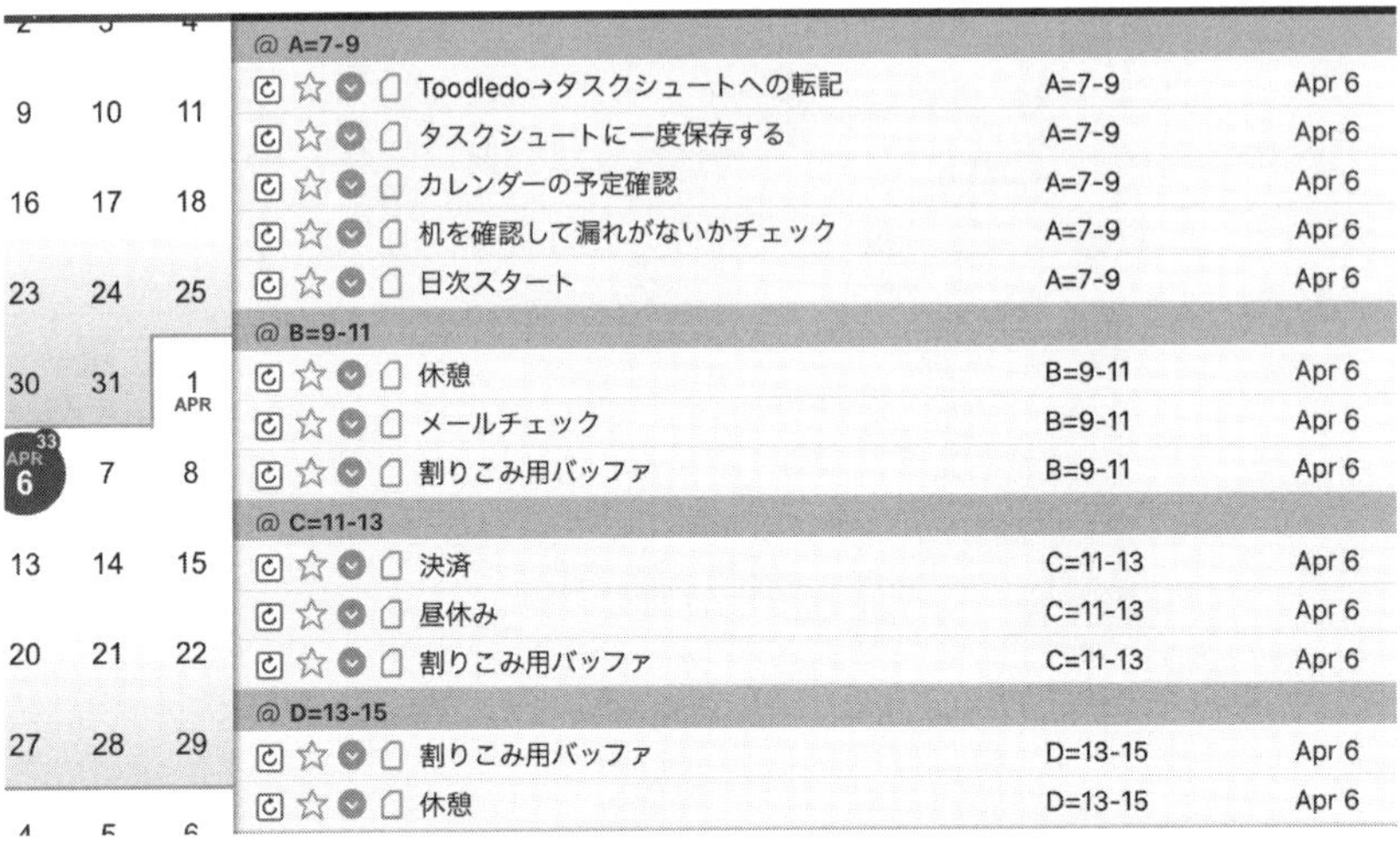

タスク	Context	日付
@ A=7-9		
Toodledo→タスクシュートへの転記	A=7-9	Apr 6
タスクシュートに一度保存する	A=7-9	Apr 6
カレンダーの予定確認	A=7-9	Apr 6
机を確認して漏れがないかチェック	A=7-9	Apr 6
日次スタート	A=7-9	Apr 6
@ B=9-11		
休憩	B=9-11	Apr 6
メールチェック	B=9-11	Apr 6
割りこみ用バッファ	B=9-11	Apr 6
@ C=11-13		
決済	C=11-13	Apr 6
昼休み	C=11-13	Apr 6
割りこみ用バッファ	C=11-13	Apr 6
@ D=13-15		
割りこみ用バッファ	D=13-15	Apr 6
休憩	D=13-15	Apr 6

してルーティンタスクを事前に設定しておくことで、ルーティンタスクと割りこみタスクに取られる時間が自動的に「天引き」されるようになっている。

よって私が毎日自分で行う作業は、ルーティン**以外**のタスクを各セクションに割り当てていくことだ。ではルーティンタスク以外のタスクはどこにあるのか。セクションFの下の「No Context」にまとめられている（【図3・8・2】）。Toodledoでは「Context」はセクションと同じ意味で使われる。「No Context」は直訳すると「セクションがない」。すなわちルーティンタスクのように事前に割り当てられていないタスクが収まっているのだ。

勘がいい人は気づいたかもしれない。実は「No Context」に割り当てられているタスクこそ、私がタスクが発生する都度登録しているものだ。私は普段タスクが発生したらその場で処理しない限

■図3・8・2　セクション振り分け待ちのタスク

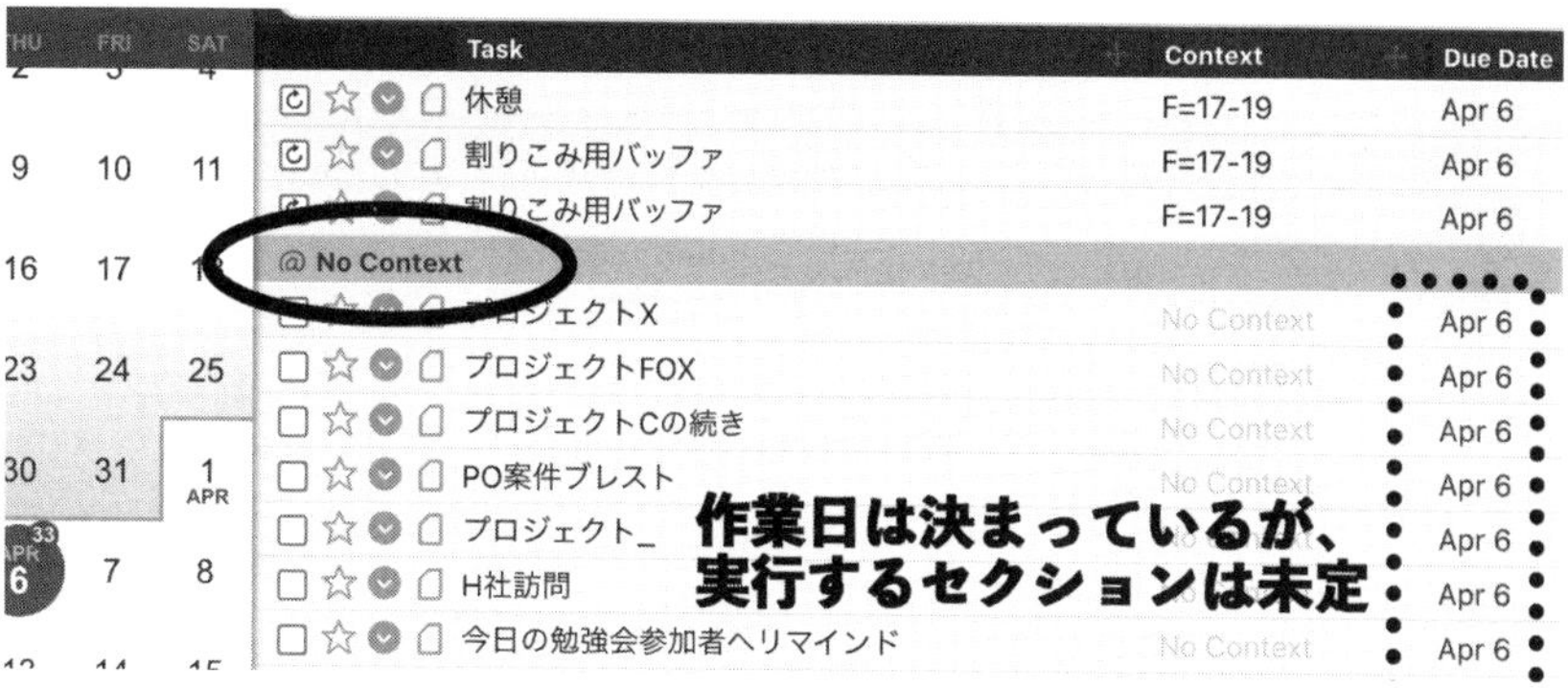

り、必ずスマホを使ってToodledoに作業予定日とタスク名を入力することを徹底している。Toodledoはスマホアプリとブラウザ（パソコンなどで見る）で同期できる。作業予定日にブラウザを見れば事前にスマホで入力したタスクが「No Context」に表示されることになる。「No Context」にあるタスクはセクションが決まっていない。なのでここからセクションA～Fに振り分ける作業を行う。

具体的にどうするか。タスク名の横にある「Context」という項目でセクションを選ぶことができる。たとえば「プロジェクトX」をセクションAに取り組むと決めたらContextで「A＝7－9」を選択すればいい。すると簡単に「プロジェクトX」はセクションAに割り当てられる。こうして全てのタスクにセクションを割り当てていくと【図3・9】のような状態になる。

■図3・9　セクションに振り分けられたタスク

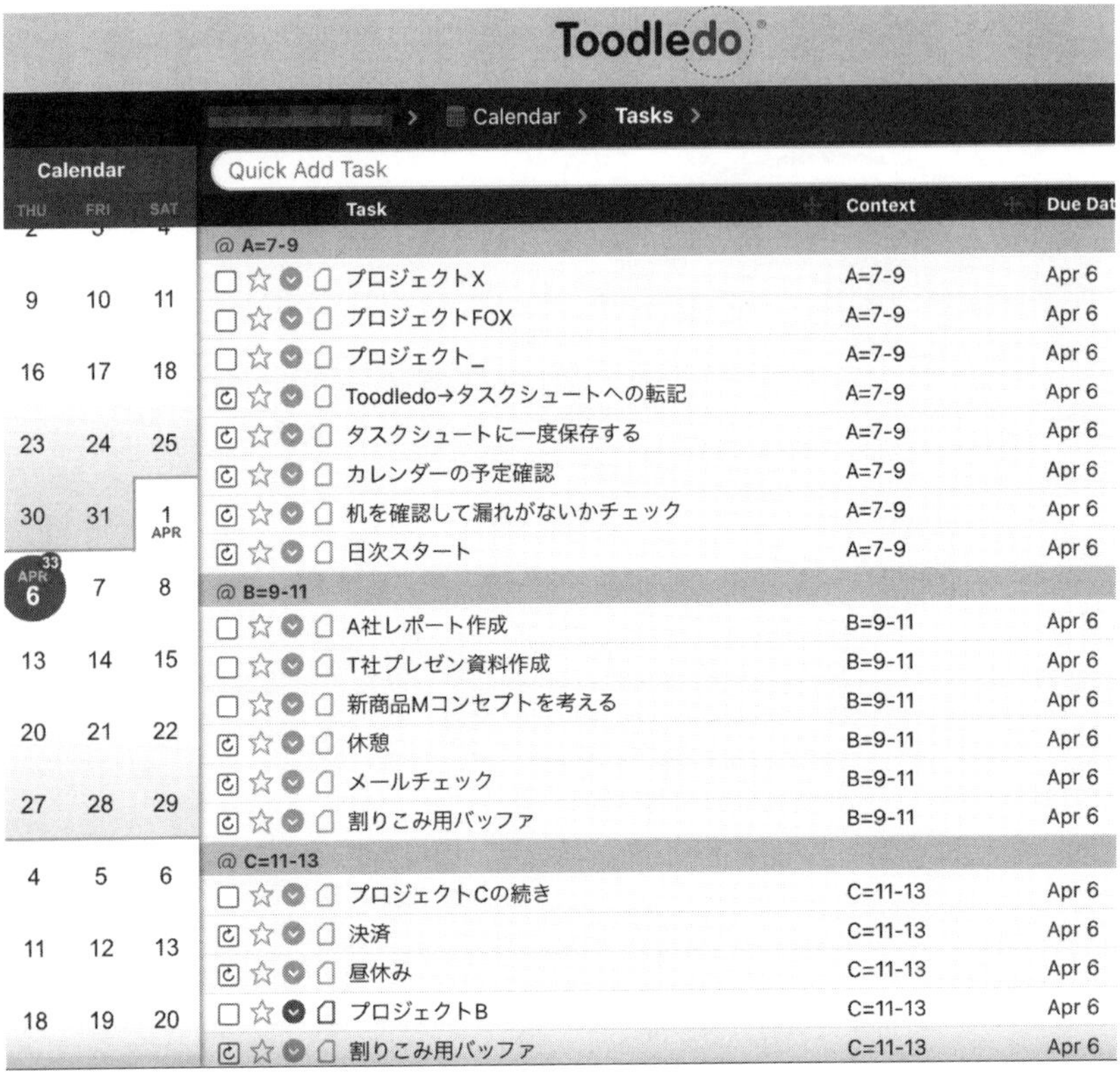
Toodledo
Calendar
Tasks
Quick Add Task
Calendar
THU FRI SAT
9 10 11
16 17 18
23 24 25
30 31 1 APR
APR 6 33 7 8
13 14 15
20 21 22
27 28 29
4 5 6
11 12 13
18 19 20
Task
Context
Due Dat
@ A=7-9
プロジェクトX A=7-9 Apr 6
プロジェクトFOX A=7-9 Apr 6
プロジェクト_ A=7-9 Apr 6
Toodledo→タスクシュートへの転記 A=7-9 Apr 6
タスクシュートに一度保存する A=7-9 Apr 6
カレンダーの予定確認 A=7-9 Apr 6
机を確認して漏れがないかチェック A=7-9 Apr 6
日次スタート A=7-9 Apr 6
@ B=9-11
A社レポート作成 B=9-11 Apr 6
T社プレゼン資料作成 B=9-11 Apr 6
新商品Mコンセプトを考える B=9-11 Apr 6
休憩 B=9-11 Apr 6
メールチェック B=9-11 Apr 6
割りこみ用バッファ B=9-11 Apr 6
@ C=11-13
プロジェクトCの続き C=11-13 Apr 6
決済 C=11-13 Apr 6
昼休み C=11-13 Apr 6
プロジェクトB C=11-13 Apr 6
割りこみ用バッファ C=11-13 Apr 6

次は「上から順番に処理するタスクリスト」にするために次の4つの作業段階に入る。

①各タスクの見積時間を設定する
②各セクションを2時間以内に収める
③予定終了時刻を自分が仕事を終えたい時刻に収める
④セクション毎にタスクの順番を決める

Toodledoは便利なツールだがタスクの順番を並び替えることができないことをはじめ、これらの作業に向いていないところがある。なので私は「TaskChute2」という有料のタスク管理ツールでこの先の作業を行っている。その具体的な手順をこの先では紹介していこう。

有料ツールを使ってさらに効率UP

「TaskChute2」は有限会社サイバーローグ研究所代表取締役の大橋悦夫氏が作った、エクセルにマクロを組んで作成されたタスク管理ツールだ。

【図3・10】は先程の【図3・9】の内容をTaskChute2に転記し、各タスクの見積時間を入力したものだ。エクセルの仕様そのままなので、慣れている方にはアプリなどより操作性がイメージしやすいかもしれない。

■図3・10　見積時間の設定

	A	B	C	D	E	G	H	I	J	K	L	M	N	O
1		□□□□□□□□□□□							現在のセクション＝A｜07:00～09:00	04/07 水	2.42	04/12 月	0.00	最終保存
2	見積	12.48	34				A: 1.67	E: 0.08	I: 1.00	04/08 木	0.00	04/13 火	0.00	8:56
3	消化	0.00	0				B: 0.17	F: 0.55	J: 1.00	04/09 金	0.00	04/14 水	0.00	終了予定
4	残	12.48	34				C: 0.78	G: 2.00	K: 2.00	04/10 土	0.00	04/15 木	0.00	21:26
5	基準	04/06	前	翌			D: 0.45	H: 2.00	L: 1.00	04/11 日	0.00	04/16 金	0.00	
6														
7	□	月日	曜	節	###	★	Project	Mode	作業内容	見積H単	見積M単	実績	開始	終了
8	□	04/06	火	a	10		区切り		【A】07:00～09:00 終了予定 → 8:57					
9	□	04/06	火	a	20		work	plan	toodledo→タスクシュートへの転記@@(月)(repeats)	0.08	5			
10	□	04/06	火	a	30		work	routine	タスクシュートに「一度保存する	0.02	1			
11	□	04/06	火	a	40		work	routine	カレンダーの予定確認	0.02	1			
12	□	04/06	火	a	50		work	routine	机を確認して漏れがないかチェック	0.02	1			
13	□	04/06	火	a	60		work	routine	日次スタート	0.08	5			
14	□	04/06	火	a	70		work	KP	プロジェクトX	0.50	30			
15	□	04/06	火	a	80		work	KP	プロジェクトFOX	0.50	30			
16	□	04/06	火	a	90		work	KP	プロジェクト_	0.50	30			
17	□	04/06	火	b	100		区切り		【B】09:00～11:00 終了予定 → 10:40					
18	□	04/06	火	b	110		work	KP	A社レポート作成	0.50	30			
19	□	04/06	火	b	120		work	KP	T社プレゼン資料作成	0.50	30			
20	□	04/06	火	b	130		work	KP	新商品Mコンセプト考える	0.50	30			
21	□	04/06	火	b	140		work	check	メールチェック@(月)(repeats)	0.13	8			
22	□	04/06	火	b	150		work	routine	休憩@(月)(repeats)	0.08	5			
23	□	04/06	火	b	160		work	buff	割り込み用バッファ@(月)(repeats)	0.45	27			
24	□	04/06	火	c	170		区切り		【C】11:00～13:00 終了予定 → 12:50					
25	□	04/06	火	c	180		work	lunch	昼休み@(月)(repeats)	1.00	60			
26	□	04/06	火	c	190		work	KP	プロジェクトCの続き	0.50	30			
27	□	04/06	火	c	200		work	KP	プロジェクトB	0.50	30			
28	□	04/06	火	c	210		work	routine	決済@07/21(月)(repeats)	0.33	20			
29	□	04/06	火	c	220		work	buff	割り込み用バッファ@(月)(repeats)	0.45	27			

【図3・10】の右斜め上には、「終了予定」として「21：26」が書かれている。入力されている全てのタスクを見積時間通り終えたら何時に仕事が終わるか、予定終了時刻が自動計算されるようになっているのだ。つまり【図3・10】の状態では仕事が終わるのは21：26ということだ。もし18時に仕事を終えたいなら、予定終了時刻が18時になるようにタスクリストを見直さないといけない。

ここで前述の②「各セクションを2時間以内に収める」と③「予定終了時刻を自分が仕事を終えたい時刻に収める」の作業を同時に行うことになる。各セクションが2時間以内に収まるようにタスクを見ながら、予定終了時刻が18時に収まるように調整していくのだ。

②と③の作業が終わったら、最後に④「セクション毎にタスクの順番を決める」を行う。TaskChute2ではE列の「###」にある数字を調整することでタスクの順番を簡単に入れ替えることができる。そうして全てのセクションでタスクの順番を決め終えたら、最終的に【図

■図３・11　タスクリストの完成

	A	B	C	D	E	G	H	I	J	K	L	M	N	O
1		□□□□□□□□□□□□							現在のセクション=A｜07:00~09:00	04/07 水	2.42	04/12 月	0.00	最終保存
2	見積	8.87	34				A: 1.67	E: 0.08	I: 1.00	04/08 木	0.00	04/13 火	0.00	8:56
3	消化	0.00	0				B: 0.17	F: 0.55	J: 1.00	04/09 金	0.00	04/14 水	0.00	終了予定
4	残	8.87	34				C: 0.78	G: 2.00	K: 2.00	04/10 土	0.00	04/15 木	0.00	17:50
5	基準	04/06	前	翌			D: 0.45	H: 2.00	L: 1.00	04/11 日	0.00	04/16 金	0.00	
6														
7	□	月日	曜	節	###	★	Project	Mode	作業内容	見積H単	見積M単	実績	開始	終了
8	□	04/06	火	a	10		区切り		【A】07:00~09:00 終了予定 → 8:58					
9	□	04/06	火	a	20		work	plan	toodledo→タスクシュートへの転記@@(月)(repeats)	0.08	5			
10	□	04/06	火	a	30		work	routine	タスクシュートに「一度保存する	0.02	1			
11	□	04/06	火	a	40		work	routine	カレンダーの予定確認	0.02	1			
12	□	04/06	火	a	50		work	routine	机を確認して漏れがないかチェック	0.02	1			
13	□	04/06	火	a	60		work	routine	日次スタート	0.08	5			
14	□	04/06	火	a	70		work	KP	プロジェクトX	0.50	30			
15	□	04/06	火	a	80		work	KP	プロジェクトFOX	0.50	30			
16	□	04/06	火	a	90		work	KP	プロジェクト_	0.50	30			
17	□	04/06	火	b	100		区切り		【B】09:00~11:00 終了予定 → 10:41					
18	□	04/06	火	b	110		work	KP	A社レポート作成	0.50	30			
19	□	04/06	火	b	120		work	KP	T社プレゼン資料作成	0.50	30			
20	□	04/06	火	b	130		work	KP	新商品Mコンセプト考える	0.50	30			
21	□	04/06	火	b	140		work	check	メールチェック@(月)(repeats)	0.13	8			
22	□	04/06	火	b	150		work	routine	休憩@(月)(repeats)	0.08	5			
23	□	04/06	火	b	160		work	buff	割り込み用バッファ@(月)(repeats)	0.45	27			
24	□	04/06	火	c	170		区切り		【C】11:00~13:00 終了予定 → 12:51					
25	□	04/06	火	c	180		work	lunch	昼休み@(月)(repeats)	1.00	60			
26	□	04/06	火	c	190		work	KP	プロジェクトCの続き	0.50	30			
27	□	04/06	火	c	200		work	KP	プロジェクトB	0.50	30			
28	□	04/06	火	c	210		work	routine	決済@07/21(月)(repeats)	0.33	20			
29	□	04/06	火	c	220		work	buff	割り込み用バッファ@(月)(repeats)	0.45	27			
30	□	04/06	火	d	230		区切り		【D】13:00~15:00 終了予定 → 15:38					

3・11】のようなタスクリストが完成する（予定終了時刻が17時50分になっている）。

実際のフロー

これで準備は完了。では実際にTaskChute2を使って日々どんなふうに仕事をしているのか。そのフローを具体的な例を使って簡単に説明しよう。

【図3・12】を見てほしい。TaskChute2には見積時間のほかにも「開始」と「終了」欄がある。セクションAにある「プロジェクトX」に取り組むときは「開始」欄に開始時刻を入力してからはじめる。【図3・12】で9：00となっているのは、9時に着手したことを表している。

タスクを終了したら今度は「終了」の欄に終了時刻を入力する。たとえば9時30分にタスクが終わったならば、「9：30」と入力する。そうすると【図3・13】のように「実績」として30分が自動的に算出される。

■図3・12　開始時刻を入力する

Mode	作業内容	見積H単	見積M単	実績	開始	終了
	【A】07:00～09:00 終了予定 → 8:59					
plan	toodledo→タスクシュートへの転記@@(月)(repeats)	0.08	5			
routine	タスクシュートに「一度保存する	0.02	1			
routine	カレンダーの予定確認	0.02	1			
routine	机を確認して漏れがないかチェック	0.02	1			
routine	日次スタート	0.08	5			
KP	プロジェクトX	0.50	30		9:00	

■図3・13　終了時刻を入力すると実績を自動算出

Mode	作業内容	見積H単	見積M単	実績	開始	終了
KP	プロジェクトX	0.50	30	30	9:00	9:30
	【A】07:00～09:00 終了予定 → 8:59					
plan	toodledo→タスクシュートへの転記@@(月)(repeats)	0.08	5			
routine	タスクシュートに「一度保存する	0.02	1			
routine	カレンダーの予定確認	0.02	1			
routine	机を確認して漏れがないかチェック	0.02	1			

TaskChute2を使って仕事をするときは書かれた通り上から順番にタスクを処理していくわけだが、その都度このように開始と終了欄に時刻を入力していく。そうすると結果的に無理なく、それぞれのタスクにかかった時間も記録していくことができる。1日の終わりには何にどれだけ時間を使ったか記録が残ることになる。これが働き方を見直すうえで大きな財産になるのは言うまでもない（本章の最後のコラムにこのことは書いている）。

このほかにもTaskChute2を使うメリットはある。それは「予定終了時刻」が車の「カーナビ」の役割を担ってくれることだ。

カーナビは目的地に到着する「予定到着時刻」を教えてくれるが、その予定時刻も状況にそって刻々と変わっていく。当初よりも道が混んでいたり、提示したルートとは異なる道に入ってしまえば予定到着時刻は都度修正される。目的地に近づいていけばいくほど予定到着時刻は正確になっていく。

「TaskChute2に表示される「終了予定（予定終了時刻）」もカーナビの予定到着時刻と同じ役割を果たしてくれる。なぜなら予定終了時刻はそのときの時刻と残りのタスクの見積時間から常にリアルタイムで計算されるからだ。

TaskChute2に表示される「終了予定」の時刻は、今の時刻からタスクを見積時間通り全て終えたら何時になるのか。自動計算されたものだ。たとえば今の時刻が９時だとして、タスクの見積時間の合計が９時間なら終了予定の時刻は18時と表示されることになる。

終了予定の時刻は常に今の時刻、すなわちリアルタイムで計算され表示されるのが特徴だ。仕事が進んでいけば終了予定の時刻は刻々と変わっていく。たとえば「20分で終わる」と見積もりをしていたタスクに40分かかってしまえば終了予定の時刻も20分ズレる。同僚から急な仕事を依頼されれば、その分また終了予定の時刻も変わる。こうしたことが起き続けると、朝の時点で18時になっていた予定終了時刻が気づいたら21時になっていたりする。言うまでもなくこれでは18時に帰ることはできない。

こうして予定終了時刻がズレてきたときは予定終了時刻が18時になるようにタスクの作業日を調整したり、見積時間を修正するなどして見直さなければならない。カーナビが目的地に近づけば近づくほど予定到着時間が正確になるように、１日の終わりに近づけば近づくほどTaskChute2の終了予定の時刻も正確になっていく。終了予定の時刻を常にチェックして仕事を進めていけば、最終的には予定通り仕事を終え帰宅することができる。ガイドとなる予定終了時刻は車のカーナビのような貴重な存在なのだ。

もし君がTaskChute2を使って仕事をするなら、予定終了時刻は常にチェックしながら仕事を進めていくようにしよう。

ここまでタスク管理ツールを使って上から順番に処理する1日の流れを簡単に説明した。少しはイメージが掴めただろうか？　少し理解できれば十分だ。今の時点で全てを理解しようとは思わないでほしい。まだ君はタスク管理をはじめてもいない。全部理解できるわけがないし、理解する必要もない。今の時点ではひとまずこの先を読み進めていこう。いざタスク管理をスタートするときに今一度必要なところを読み返してもらえば十分だからだ。

そのほか、タスク管理の細かい話や君が疑問に思いそうなことはこの後のQ＆Aに書いておいた。Q＆Aは全部読んでもらってもいいし、この先を早く読み進めたいなら気になるところだけ拾い読みしてもらってかまわない。次の章はいよいよ2章と3章で学んだタスク管理を使って30分仕事術をどう実践するのか。より具体的に説明していく。それではQ＆Aの後にまた会おう！

Q1　有料のツールを使わずにこの章で書かれたタスク管理法を実践することは可能か

いい質問だ。試しにノートと鉛筆を使って「上から順番に処理するタスクリスト」を作る流れを考えてみよう。手順は次の通りとなる。

①セクションを作る（2時間で区切るとする）
②今日取り組むタスクの全てに見積時間を設定する
③②のタスクを各セクションに割り当てる
④各セクション内のタスクが2時間に収まっているかチェック・調整する
⑤予定終了時刻を計算する
⑥予定終了時刻が終業時刻を超えている場合は調整する

ツールを使うより多少手間はかかるかもしれない。しかし紙と鉛筆さえあれば私が提案するタスク管理ができることはわかってもらえるのではないかと思う。手書きでもできるということは、当然ワードやエクセルなどのビジネスツールでも実践できるということだ。

ではなぜ私は有料のツールを使うのか。それはそのほうがより簡単にタスク管理ができるからだ。たとえばこの章で紹介したTaskChute2にはマクロが組まれていて、タスクの見積時間をもとに簡単に予定終了時刻を自動算出してくれる。紙と鉛筆を使って同じことをしようと思えば、都度計算しなければならない。効率を考えて、有料ツールでこれらの作業をラクにしたいのだ。ただ、もし君がエクセルに慣れているなら自分で予定終了時刻を自動的に算出するよう作ってしまえばいいだろう。私は面倒くさがりなので有料ツールで解決してしまったが、少し工夫すれば無料のツールを使って苦なくここに書かれたタスク管理法を実践できるはずだ。

要するに先程書いた①～⑥の作業が簡単にできるのであれば、どのツールをどのように使うかは君次第ということだ。デジタルツールを使ったほうがラクにできることはわかっても、ノートを使ってタスク管理をしたいという人もいるだろう。それならそれでもちろんかまわない。自分が気持ちよく、負荷なく続けられるツールを使うことが一番大切だ。

何度も言うように、大切なのは原理原則だ。それが実現できるなら、どのツールをどのように使うかは君次第。君だけのタスク管理法をぜひ作りあげてほしい。

Q2 なぜわざわざ2つのタスク管理ツールを使うのか

「ToodledoやTaskChute2のどちらかに一本化せずに、わざわざ2つのツールを使う理由は？」

理由は3つある。ひとつはタスク管理ツールそれぞれの機能に一長一短があるからだ。たとえばToodledoには次の機能が備わっていない。

・セクション内のタスクの順番を並び替える
・予定終了時刻を表示する

タスクを上から順番に処理していき、予定終了時刻をリアルタイムで常に確認したい私としてはこの2つの機能は必要だ。だからその機能があるTaskChute2を使っている。それならTaskChute2だけを使えばいいのでは。そう思う人もいるだろう。それはある意味正しい。やろうと思えばTaskChute2一本で私が提案するタスク管理法を行うことはできる。ではなぜ私はわざわざToodledoを使うのか。それはスマホを両用して、いつでもタスク管理ツールを更新したいからだ。TaskChute2はエクセル仕様なので、現状、タスクを追加・更新するためにはパソコンなどで直接入力しなければならない。これが私にとっては煩わしい。たとえば同僚から仕事を頼まれたとき、私はすぐにタスク管理システムに入力して、当日までそのタスクのことを忘れてしまいたい（たとえわずかでもタスクを覚えておくことに認知リソースを使いたくないからだ）。しかし同僚との立ち話などではパソコンがない状況も多い。ちょっとしたことではあるが私にとってこれはストレスになる。

一方Toodledoであればスマホさえ持っていればいつでもどこでもタスクを追加・確認することができる。いつでもどこでもタスクを入力し、タスクを確認したい私としてはToodledoを補完的に使うのがベストという結論になった。

ただ誤解しないでほしいのは誰しもが2つのタスク管理ツールを使わなければいけないわけではないということだ。私は先程書いた理由から2つのタスク管理ツールを使っている。しかしたとえば君が常にノートパソコンを持ち歩いているならTaskChute2だけでいつでもどこでもタスク管理ができるかもしれない。

また次のQ３で紹介するがTaskChute2のクラウド版「TaskChute Cloud」もある。これを使えばスマホでもパソコンでもタスク管理ができる。TaskChute Cloud一本でタスク管理をすることも可能だ（私は会社のセキュリティの関係で会社のパソコンでTaskChute Cloudを使えないのでそうしていない）。

また、君独自のオリジナルツールを作ってしまうというのも手だ。エクセルにはさまざまなテンプレートが用意されている。新規にエクセルを立ち上げると、予定表やカレンダーなどが選べるようになっている。それらを自分好みにアレンジすれば、君の業務にそったオリジナルの管理表が作れるだろう。さらにＳＮＳやＹｏｕｔｕｂｅなどではエクセルでタスク管理やスケジュールの作成方法なども紹介されている。特に動画で教えてくれているものはとても参考になるだろう。それらを生かして一元管理の進行表を作れば、既存のものよりも自由度が高くなる。

大切なのは原理原則を理解していること。タスク管理を続けるためには、自分に合ったタスク管理ツールと方法を選択することが大切だ。時間はかかるかもしれないが、自分に合ったものを見つけてほしい。そうすれば君にとって強力なツールになる。

Ｑ３ おすすめのタスク管理ツールとそれぞれの違いを教えてほしい

私がおすすめしたいタスク管理ツールは次の４つだ。

①TaskChute2（https://cyblog.biz/pro/taskchute2/index2.php）
②たすくま（https://apps.apple.com/jp/app/taskuma-taskchute-for-iphone/id896335635）
③TaskChute Cloud（https://taskchute.cloud/users/top）
④Toodledo（https://www.toodledo.com/）

まずは、①TaskChute2、②たすくま、③TaskChute Cloudの３つから説明しよう。

なぜこの３つをまとめて説明するのか。それはいずれのツールもタスク管理の達人である大橋悦夫氏が考案した「タスクシュート（時間術）」というタスク管理法を実行できるように設計されているからだ（「タスクシュート」の詳細についてはここであらためて説明しないが、私がタスク管理ツールを使って行っているタスク管理法と概ね同じと理解しておけば問題ない）。それぞれのツールについて簡単に説明していこう。

TaskChute2は市販されており、この本の執筆時点で６６００円で購入できる。「たすくま」はiPhoneアプリで、富さやか氏が大橋悦夫氏の監修のもと作成したTaskChute2のiPhone版と言える。そして「TaskChute Cloud」はパソコンでもスマホでもクラウドに使えるサービス。jMatsuzaki氏が大橋悦夫氏の監修のもと作成したTaskChute2のクラウド版だ。ちなみにTaskChute Cloudでは使える機能の違いにより、執筆時点で月額４８６円の有料プランと無料プランの２つのプランがある。TaskChute Cloudの強みはクラウドで使えること、しかも専用アプリでiPhone、Androidのいずれでも使えることだ（「たすくま」は現時点ではiPhoneでしか快適に使うことができない）。

次は「Toodledo」の説明をしよう。Toodledoは先程紹介した①〜③のツールと基本的な設計は似ているが、全く別のタスク管理ツールだ。大半の機能が無料で使える点は①〜③と比べると強みとなる。Toodledoは先程紹介したTaskChute Cloudと同様クラウドで使える。つまりパソコンからでもスマホからでもインターネット環境さえあればいつでもどこでもタスクを確認できるし操作もできる（iPhoneやAndroidの専用アプリもある）。強いてウィークポイントをあげるとタスクの順番を簡単に変えることができないことだ。ここまで書いてきたようにタスク管理においてタスクの順番は非常に重要となってくる。それを簡単に変えられないのはイタい。このウィークポイントをカバーするために私がTaskChute2を使っているのはQ２で書いた通りだ。

Q4 自分はどのツールを使うのがいいの？

君にとってどのタスク管理ツールがベストなのか。その答えは言うまでもなく君が普段どんな働き方をしているかによって異なる。たとえば君が会社員でほぼ一日デスクワーク、Windowsユーザーならtaskchute2がおすすめだ。TaskChute2は簡単に言うとマクロが組まれたエクセルファイル。会社でエクセルさえ使えれば使える人も多いはずだ。勤務先のセキュリティの環境でTaskChute2のダウンロードが万が一公式サイトから直接できなくても、一旦自分の個人のパソコンにダウンロードして移行すればほとんどの人が使えるはずだ。

一方で会社のセキュリティの問題でTaskChute2をどうしても使うことができない人や外出が多くデスクに座っている時間が短いという人はiPhoneアプリの「たすくま」を使うといい（Androidユーザーは「TaskChute Cloud」を使おう）。たすくまはiPhoneを使うので画面がどうしても小さくなり、必然的に文字も小さくなる。この点はデメリットだ。しかしiPhoneさえ持っていればいつでもどこでもタスク管理ができる。これはパソコンでしか使えないTaskChute2と比べると強みと言えるだろう。

ではクラウド版のTaskChute2と言えるTaskChute Cloudはどうなのか。TaskChute Cloudはパソコンでも使えるし、スマホに専用のアプリもある。専用アプリを使えばiPhone、Androidのどちらでもタスク管理ができる。TaskChute2とたすくまのいいとこどりをしたような、ある意味理想的なツールと言えるだろう。ただし私のように勤務先のセキュリティ上、パソコンでTaskChute Cloudを使うことができない会社員も多いかもしれない。そうなると会社のパソコンでタスク管理をしたいなら、やはりTaskChute2がいいということになる。もし勤務先のセキュリティ上問題なくTaskChute Cloudが使えたり、君がフリーランスで使用するツールに制約がないならTaskChute Cloudを使うことをおすすめする。

次はToodledoについて考えてみよう。Toodledoは先程も書いた通りクラウドで使えるツールで、パソコンからでもスマホからでもインターネット環境さえあればいつでもどこでもタスクを確認できるし操作もできる。この点ではTaskChute Cloudと近い。しかも大半の機能が無料で使えるのも大きい。唯一の難点は先程も書いたがタスクの順番を簡単に変えることができないことだ。したがってToodledoだけを使ってタスク管理をすることはあまりオススメしない。私のように他のツールを併用してタスク管理するのがおすすめだ。

次に、その他のツールを使うことについて言及しておきたい。人によっては「私はほかのタスク管理ツールを使っているので引き続きそれを使いたい」「私は別のタスク管理ツールを使いたい」という人もいるだろう。もちろんかまわない。ただし私が提案するタスク管理法を忠実に行いたいなら、君が使おうとしているタスク管理ツールに次の機能が備わっている必要がある。

・タスクの見積時間が設定できる
・予定終了時刻が表示される
・タスクの並び順を簡単に変更できる
・タスクの実行ログ（タスク処理にかかった時間の記録）が取れる

問題はこうした条件を全て満たしているタスク管理ツールはかなり少ないことだ。少なくとも私はＱ３に紹介したツール以外ほとんど見たことがない。なのでよほどこだわりがない限り、Ｑ３で紹介したツールの中から選ぶことをおすすめしたい。

Q5 毎日タスクリストを作るのにどれくらい時間がかかるものなのか？

タスクリストは私のように熟練の域に達すれば5分程度で作れるようになる。しかしタスク管理をはじめたばかりの頃は当然そうはいかない。少なくとも私の場合、はじめの頃はToodledoでタスクリストを作り、その後TaskChute2のタスクリストを仕上げるまで毎朝40分はかかっていた。長いときには1時間かかるときもあった。

正直、はじめの頃は「こんなに時間を費やすなら、仕事ひとつ片付けたほうが早いんじゃないか」と思うことすらあった（きっと君もそう思うことになるだろう）。しかし急がば回れ。当時の私は不安を感じながらも「続けてさえいれば、いつかきっと数分でできるようになるはずだ」と自分を励まし毎日タスクリスト作りに勤しんでいた。

その後ブレイクスルーが訪れたのは半年後くらいだ。40分かかっていた作業が20分くらいになった。簡単に言えば、作業に慣れてきて力の抜き所が自分なりにわかってきたのだ。その後も小さな工夫を積み重ねていった。最終的には5分程度で作れるようになったというわけだ。本書では、私の試行錯誤の結果を凝縮した。

断言しよう。タスクリストを作る時間は経験とともに必ず短くなる。はじめの頃はとにかく時間がかかるし、希望が見えなくなるときもあるだろう。でも「いつか楽になるときがある」と信じて、毎朝タスクリストを作り続けていってほしい。継続は力なりだ。

■図3・14　セクションまたぎ

04/06	火	a	60	work	routine	日次スタート	0.08	5
04/06	火	a	70	work	KP	プロジェクトX	0.50	30
04/06	火	a	80	work	KP	プロジェクトFOX	0.50	30
04/06	火	a	90	work	KP	会議	1.00	60
04/06	火	b	100	区切り		【B】09:00~11:00 終了予定 → 11:14		
04/06	火	b	110	work	KP	会議	1.00	60
04/06	火	b	120	work	KP	T社プレゼン資料作成	0.50	30
04/06	火	b	130	work	KP	新商品Mコンセプト考える	0.50	30

セクションを
またぐときは分ける

Q6　予定がセクションをまたがるときはどうするか

10~12時までの会議のように予定がセクション間（この場合セクションBとC）をまたぐときにどうやってタスクリストに反映したらいいのか。そうセミナーで質問を受けることも多い。私の場合は【図3・14】のように、シンプルにセクション毎に時間を確保するようにしている。参考にしてほしい。

Q7　「予定終了時刻」はどれくらいの頻度で修正したらいいのか

目安としては昼に1回、夕方に1、2回くらいでいいだろう。予定終了時刻を常に完璧にしておきたい衝動に駆られる気持ちはわかる。しかしほどほどにしておくことが大切だ。

本章のまとめ

◉タスクリストを作ると仕事の計画と実行を切り分けることができる。そうすると目の前の仕事により集中できるようになり、生産性が高まる。

◉タスクを実行できるか否かは「いつ取り組むか」に大きく左右される（認知リソースの影響）。タスクリストを作るときはセクション（時間帯）を作り、タスクを最適なセクションに割り振る。目指すのは上から順番に処理するタスクリスト。先送りがなくなり、実効性が高まる。

◉予定通り仕事が終わらないのはルーティンタスク・割りこみタスクを考慮して計画を立てていないから。予定通り仕事を終えたいなら、自分の「本当の持ち時間」を把握すること。現実的な計画を立てよう。

タスク管理探求の罠

第3章で提案したタスク管理法はあくまで私にとっての正解であり、君自身の答えを見つけ出してほしい。何度もそう書いているので、少しうんざりしているかもしれない。しかしこれはそれくらい大切なことだ。ここであらためて完璧に私の真似をしなくていいという話を、私自身の失敗談を通して学んでほしい。

私自身が「完璧にタスク管理をしなくていいんだ！」と痛感したのは、タスク管理でいう「週次レビュー」を自分がやる必要がない。このことがとわかったときだ。安心してほしい。週次レビューは初めて紹介する単語だ。説明しよう。

タスク管理には「レビュー」という概念がある。簡単に言えば「ふりかえり」だ。たとえばTaskChute2を使ってタスク管理をしていると、1分単位で1日の行動記録を取ることになる。この記録をデイリーでふりかえることを「日次レビュー」と呼ぶ。週次レビューはこれを1週間分行うものだ。たとえば週末などに1週間をふりかえる。

レビューの目的は自分の行動記録を見直し、次の日あるいは次の週をよりよくするためだ。行動記録をふりかえり「今週はAの仕事ばかりしてしまったから、来週はBにもう少し時間

をかけよう」。そんなふうに自分の行動を改善するために行う。

困ったことに、昔の私はレビューだけはどうしても習慣化することができずにいた。タスク管理の達人達は日次はもちろん、週次レビューを週末2～3時間かけてしっかり行うと聞いていた。少しでも彼らに近づかなければならない。週次レビューを習慣化できない私はそう焦りを感じていた。

理論上、週次レビューをやったほうがいいのは間違いなさそうだった。ＰＤＣＡという概念からもわかるとおり。行動のふりかえりは大切そうだった。しかしどうもやる気が起きない。続かない。悩んだ挙句、タスク管理の師匠に相談したこともあるほどだ。しかしアドバイスをもらっても、一向に習慣化することはできなかった。このことで私はずっと自分がダメな人間のように思え、挫折感を味わい続けていた。しかしあるとき、続かないのは自分が必要性を感じてないからじゃないか？ と気がついた。当時の私は既に残業ゼロを達成しており、時間管理で特に困ってもいなかった。それなら、別にレビューにこだわる必要もないのではないか。ある日ふとそう思ったのだ。

昔の私はタスク管理をやる者として、レビューはするものと思いこんでいた。しかしそれをしなくても困っていないなら、別にやる必要はない。こんなシンプルなことに気がつくの

にずいぶん時間も頭も使ってしまった。

一般的に紹介されている内容で、それが良さそうなことであったり、当たり前に周囲の人がやっていることであったとしても自分にとって必要がないと感じるなら必ずしもやらなくていいのだ。私はこの体験を通してこのことを学んだ。

この話から君にわかってほしいのは、私が本書で必要だと書いたことでも「これは本当に自分にとって必要なのか」を考えながら決めてほしいということだ。本に書いてあるからその通りにやらなければいけない。そんな風に考えなくていい。時には「やらない」という選択をする勇気を持ってほしいと思っている。

その基準のひとつは違和感があったり、どうもうまくいかない・続かないと感じたときだ。タスク管理をやっていてそう感じたときは「そもそもこれをやる目的は何なのか」「この作業を本当にやる必要があるのか」と、あらためてタスク管理の方法を見直してみてほしい。ストレスを感じるならばそう感じる理由を特定し、それをやらずにすむ方法を考えよう。

人は必要性を感じれば無理なくそのことを続けられるものだ。タスク管理がうまく続けられない。そう感じたときは自分にあったやり方をしていない可能性が高い。そのときはこの話を思い出してほしい。

プロジェクトの管理法

■30分仕事術の具体的な作業

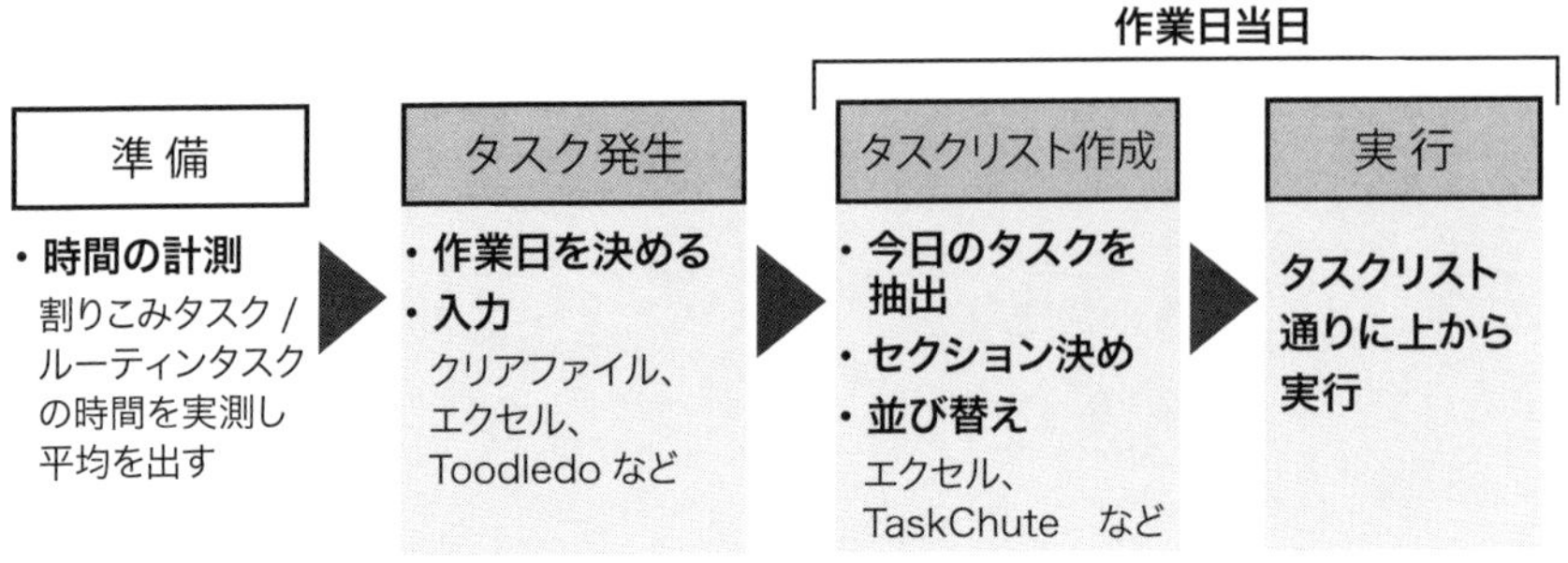

作業日当日

準備	タスク発生	タスクリスト作成	実行
・**時間の計測** 割りこみタスク／ルーティンタスクの時間を実測し平均を出す	・**作業日を決める** ・**入力** クリアファイル、エクセル、Toodledo など	・**今日のタスクを抽出** ・**セクション決め** ・**並び替え** エクセル、TaskChute　など	**タスクリスト通りに上から実行**

本書もいよいよ後半戦だ。念のため、ここまでの話の流れを一度ふりかえっておこう。1章では毎日30分、仕事を進めていくと結果的にものすごく早く仕事が終わるという話をした。2章ではたくさんあるタスクの中から、今日やるタスクを抽出する仕組み・タスク管理システムを作る方法を説明した。3章ではそうして抽出した今日やる仕事をもとに、実行性のあるタスクリストを作る方法を説明した。

その作業の流れをざっと説明すると上記となるだろう。

本章でのテーマは「プロジェクト」だ。**私はプロジェクトを「30分以上かかるタスク」と定義**している。これを理解してもらったうえで、この先を読み進めてほしい。そもそもなぜタスクとプロジェクトをわざわざ区別して管理するのか。それはプロジェクトが通常のタスク（30分以内に終わるもの）と比べると、時間だけでなく労力もかかることが多いからだ。

3章でも触れたが、人は余裕がないと目の前の作業に100％集中できなくなる。それと同じで、自分の中で「しっかりと進行管理ができている」という認識がなければ、プロジェクトのことが常に気になってしまう。そんな状態で作業に取り組めば、全体の仕事の生産性は当然低くなる。

この章では膨大なタスクの集合体であるプロジェクトを「見える化」し、30分仕事術を活用して確実に締め切りまでに終わらせる管理法をお伝えする。それでは、はじめよう。

プロジェクトの定義

まず、30分以上かかるタスクをプロジェクトと定義する理由を説明しておこう。

一般的に「プロジェクト」と呼ばれるものは、長期に渡るイメージだろう。1年後に新商品をリリースするのであれば、それは1年かけて取り組むプロジェクトとなる。プライベートでも、たとえば「1年後に引っ越す」と決めたら、引越しというプロジェクトになる。本書執筆も私にとってはプロジェクトだ。こうした仕事やイベントは通常数日～数週間、場合によっては数年の時間を要する。1日で終わらせられない仕事も多い。タスク管理を続けていくうちに、こうした仕事はタスクとは別管理したほうがうまく管理できる。このことに気づいた（理由は後述する）。

そうして私は「1日では終わらせられない仕事」をプロジェクトの定義のひとつと考えるようになった。

ここで勘がいい人は気づいたかもしれない。本書ではひとつの仕事に1日30分以上かけない仕事のやり方を提案している。そう、だから30分以上かかる仕事＝1日では終わらない仕事＝「プロジェクト」と考える。そういうことだ。

こうした理由から30分を基準に、タスクとプロジェクトを区別することにした。もちろんプロジ

■図４・１　プロジェクト管理表

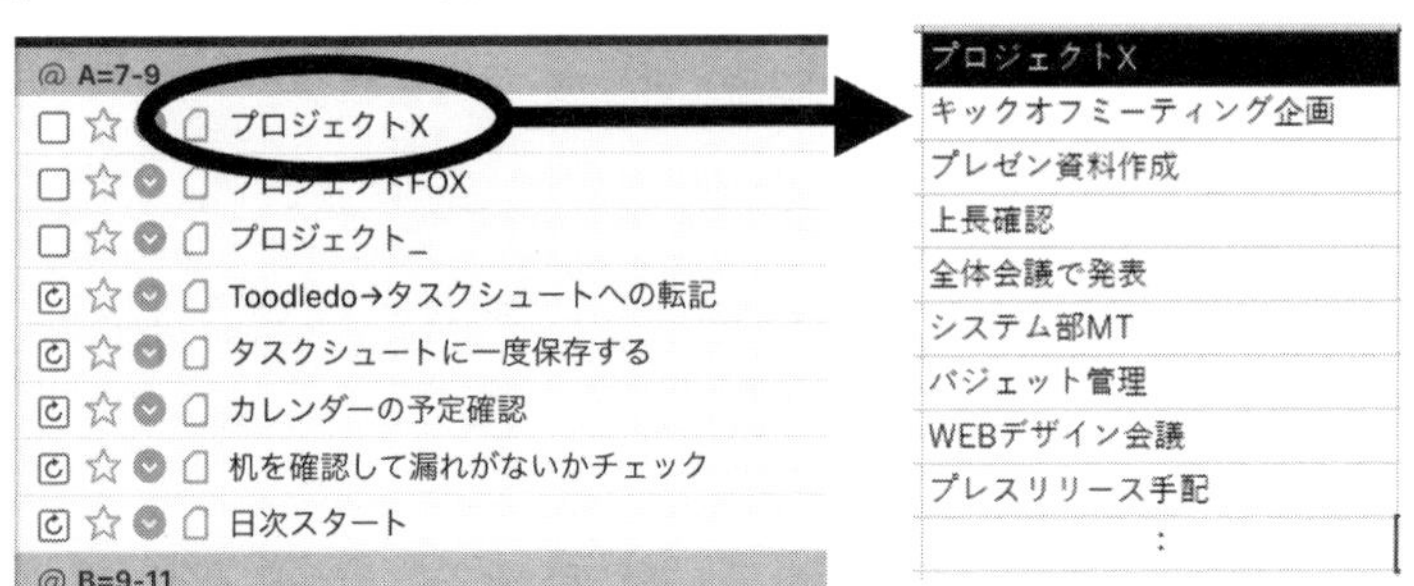

ェクトをどう定義するかは君次第だ。60分のタスクなら通常のタスクと同じように管理すれば十分。そういう人もいるだろう。それはそれでかまわない。本書ではあくまで私の考え方・実践法を解説していく。本書のやり方を実践していく中で、読者にとって最適な時間をそれぞれ設定してもらえればよいと思っている。このことを理解して、この先を読み進めてほしい。

それでは早速私がどのようにプロジェクトを管理しているのか。説明していこう。

プロジェクト管理表

まずは私がどのようにプロジェクト管理をしているか。全体像を説明しよう。

上記を見てほしい。各プロジェクトは【図４・１】の左側のように、タスク管理システムでそれぞれ管理されている。同じく右側にあるのは、例としてプロジェクトXで行うタスクを書き出したものだ。私はこれを「**プロジェクト管理表**」と呼び、プロジェクトに生じるタスクを管理するために、タスク管理システムとは別に作成している。

なぜわざわざ「タスク管理システム」と「プロジェクト管理表」を用意しているのか。理由は大きく言って3つある。

①プロジェクト管理を簡潔にするため
②プロジェクト全体の見通しをつけて安心感を得るため
③プロジェクト全体への心理的ハードルを下げるため

では、ひとつずつ説明していこう。

①プロジェクト管理を簡潔にするため
プロジェクトは1日では終わらない仕事、つまり複数のタスクの集合体である。数時間程度のプロジェクトであれば、そこまで数は増えないかもしれない。しかし長期だったり自分が中心となって動くとなると一プロジェクトに数十個～数百個、場合によっては数千個のタスクが生じることがある。それらのタスクを全てタスク管理システムで一元管理しようとすれば、そのプロジェクトだけで数が膨大になりすぎる。するとシステム自体が煩雑になり、管理不能の危険性が生じる。実際にタスク管理をはじめてみれば、私が言っていることが必ずわかるはずだ。

もちろんタスク管理システムひとつで管理することが望ましいのはわかっている。それが難なくできるなら一元管理すべきだろう。ただ少なくとも大きめのプロジェクトに携わる読者には、私が提案する方法でプロジェクトを管理することを試してみてほしい。

②プロジェクト全体の見通しをつけて安心感を得るため

人は見通しが見えると安心する性質がある。たとえば同じランニングでも「コーチからOKが出るまで」と終わりが見えない状態で走るのと、「トラック5周」と具体的なゴールを知ったうえで走るのとではストレス・不安のレベルは全く異なる。終わりが不明なまま走る場合「どれくらい走ればよいのか」「いつになったら終わるのか」と不安を抱えながら走ることになる。またゴールがわからないためペース配分ができずエネルギー効率も悪くなる。

プロジェクトも同じだ。管理表を作って、全体の見通しをざっくりとでもいいので把握して安心したいのだ。

先に「自分の中でしっかりと進行管理ができているという認識がなければ、プロジェクトのことが常に気になってしまう」と書いた。そうして不安を感じていると100%目の前のことに集中することができずに生産性も低下する。そうならないためにプロジェクト管理表も準備するのだ。

③プロジェクト全体への心理的ハードルを下げるため

プロジェクトは通常のタスクと比べると、時間だけでなく労力もかかることが多い。「大変そう」「今は作業したくない」と思いやすい。心理的ハードルが上がると、やらなければいけないとわかっていても先送りし続けるリスクが高まる。こうしたリスクを極小化するために、心理的ハードルを下げる工夫が必要となる。

そのひとつの方法として30分だけ取り組むという30分仕事術があるわけだが、プロジェクトの場合はさらにいい方法がある。それがプロジェクト管理表を作ることなのだ。

プロジェクト管理表の作り方はこの後紹介するが、プロジェクト管理表の最初の手順ではとにかくタスクを書き出していく。タスクの書き出しは難しい作業ではない。過去に似たようなプロジェクトを担当したことがあるなら、そのときの作業を確認すれば頭もたいして使う必要がないだろう。すると、簡単な作業だと感じて心理的ハードルも下がり取り組みやすくなる。

さて、ここまで読んで気づいただろうか。これらは通常タスクへの向き合い方と、大差がない。そう。**重要なのは心理的負荷、つまり時間とやるべき作業を明確にすることで焦りや不安を軽減させること**。先延ばし・後回しの根底には、心理的側面が大きいのだから。

プロジェクト管理表を作るメリットはこれで理解してもらえたと思う。では、プロジェクト管理表の作り方を具体的に説明していこう。

プロジェクト管理表の作り方

「プロジェクト管理表」と言うと、なにやら難しいことをイメージするかもしれない。しかしやることはほかと同じでシンプルだ。手順は次の通り。

①タスクを書き出す
②取り組む順番に並び替える
③各タスクのデッドラインを決める
④作業を細分化する

まず①の「タスクを書き出す」とは文字通り、プロジェクトのタスク（作業）を書き出していくことだ。イメージがしやすいように「引越し」を例にしてみよう。

タスクを書き出すと【図４・２】のようなイメージとなる（書き出すツールはなんでもかまわない。私はシンプルにエクセルを使うようにしている）。ここでのポイントは、とにかく思いつくかぎりやるべきことを書き出していく。取り組む順番は気にしなくてよい。実際のフローを想像しながら思いつくかぎり書き出せればＯＫだ。

過去に経験がないプロジェクトだったり、はじめてやる仕事などの場合。どんなタスクが生じるかイメージできず「うまく書き出せない」と感じることもあるかもしれない。そんなときでも1、2個でもとにかく書き出してみよう。書き出すことでイメージが湧いたりもするからだ。

ちなみにこの時点では「ざっと書き出す」くらいの感覚でかまわない。なぜならどんなプロジェクトも実際に取り組みはじめないと、どのようなタスクが生じるか完璧にはわからないからだ。

引っ越しを例にして言えば「どこのエリアに住むかを決める」はすぐに思いつくかもしれない。そうしたらが、通勤距離や家賃相場などを考慮すると、候補地が複数箇所出てくるかもしれない。そうしたら

■図4・2　引っ越しに生じるタスク

●どこ（エリア）に引っ越ししたいか考える
●家賃の予算を考える
●エリアが安全かネットで調べる
●ジム、スーパーが近い物件をネットで探してみる
●不動産会社に連絡してアポを取る
●引っ越し業者手配
●水道・ガス・電気解約
●郵便局に転送届け
●段ボールに荷物を詰める
●火災保険の手配
●粗大ゴミを捨てる手配

■図4・3　タスクの並び替え

●家賃の予算を考える
●どこ（エリア）に引っ越ししたいか考える
●エリアが安全かネットで調べる
●ジム、スーパーが近い物件をネットで探してみる
●不動産会社に連絡してアポを取る
●引っ越し業者手配
●水道・ガス・電気解約
●郵便局に転送届け
●火災保険の手配
●段ボールに荷物を詰める
●粗大ゴミを捨てる手配

「その中からひとつに絞る」という作業が追加で発生することになる。また、その地域のどの不動産会社に頼むべきか。検索もしなければならないだろう。内見はどうするか、引っ越し業者はどこにするかなど。後になって具体的な作業を思いつくことも珍しくない。

このようにタスクは後からどんどん追加されていくので、はじめから完璧を目指す必要は全くない。**ここでは完成度3割くらいの感覚で、5分から長くても15分くらいで済ますことが大切**だ。

ざっとタスクを書き出したら、次は②の「取り組む順番に並び替える」を行う。書き出したタスクを実際に取り組んでいくとしたら、どんな順番で取り組むか。想像して順番を並び替える。

【図4・3】はタスクを並び替えたものだ。ここでもどんな順番で取り組んだらいいかわからず、苦労することもあるだろう。そんなときも、ひとまず仮でもいいので順番を決めてしまおう。先程も言ったようにタスクはプロジェクトが進むにつれて増えていく。なのでこの時点では修正する前提で、ざっくりでかまわない。並び替えが終わったら次は③の「各タスクのデッドラインを決める」だ。各タスクをいつまでに取り組むか、【図4・4】のイ

■図４・４　デッドラインを決める

タスク	見積時間	期日
●家賃の予算を考える		4月10日
●どこ（エリア）に引っ越ししたいか考える		
●エリアが安全かネットで調べる		
●ジム、スーパーが近い物件をネットで探してみる		
●不動産会社に連絡してアポを取る		
●引っ越し業者手配		
●水道・ガス・電気解約		
●郵便局に転送届け		
●火災保険の手配		
●段ボールに荷物を詰める		
●粗大ゴミを捨てる手配		

メージでデッドライン（締め切り）を決めていこう。

この時点ではプロジェクトの全体の見通しが見えないので、スケジュール感もわからないことが多い。なのでひとまず仮の状態で決めていく。ちなみに【図４・４】には見積時間の項目も作っているが、これは必要に応じて作成してもらえばよい。私も全てのプロジェクトで見積時間を使ってるわけではない。かなり正確に計画を立てる必要がある案件などに限定して使っている。

話を戻そう。各作業のデッドラインを決めたら、次は④の「作業を細分化する」を行う。【図４・５】を見てほしい。少しわかりづらいかもしれないが、一番上の作業「●家賃の予算を考える」を「・」がついた３つのタスクに細分化している。最初の段階で書き出したタスクは、このように複数の小さなタスクに分解できることが多い。できる限りタスクを細分化することで、プロジェクト全体の見通しが把握できるようになる。かといって、あまり完璧に作ろうとすると時間ばかりが過ぎていく。ここでもあまり時間をかけずに「後で必要に応じて追記していこう」と考えて作るくらいの感覚をもつことが大切だ。

プロジェクト管理表を作る手順は以上だ。大変な作業のように

■図4・5　タスクを細分化する

タスク	見積時間（分）	期日
●家賃の予算を考える	30	4月10日
・月の手取り額確認		
・固定費を計算		
・家賃の予算を検討		
●どこ（エリア）に引っ越ししたいか考える		4月15日
●エリアが安全かネットで調べる		4月16日
●ジム、スーパーが近い物件をネットで探してみる		4月17日
●不動産会社に連絡してアポを取る		4月20日
●引っ越し業者手配		5月1日
●水道・ガス・電気解約		5月20日
●郵便局に転送届け		5月30日
●火災保険の手配		6月15日
●段ボールに荷物を詰める		7月30日
●粗大ゴミを捨てる手配		7月30日

思うかもしれない。しかし私がこの作業を行う時間は大体5～10分程度だ。どんなに複雑なプロジェクトでも30分かかることはない。なぜそんなに短い時間で作れるのか。理由は複数あるが、まずはこの時点で完璧なものを作ろうとしていないからだ。それと、過去のプロジェクト経験など、そのときのタスクを流用できるため。もちろん、この一連の作業に慣れているということもある。

管理表の完成度は高いにこしたことはない。しかしプロジェクトに取り組む前に完璧な管理表を作ることは不可能だ。それならば取り組みながら追加・修正していくほうがよっぽど合理的と言える。だからこそ流用できるものは流用してざっくりと仕上げ、そのプロジェクトにそったタスクを更新していけばよい。**プロジェクト管理表を作る作業は長くても30分を目標にすること**。ここは大切なことなので強調しておく。

さて、プロジェクト管理表を作る手順については概ね理解してもらえたと思う。ここまでやったらプロジェクト管理は極めてシンプルになる。私がこの後どんな感じで取り組んでいるか。説明していこう。

プロジェクトの進行

ここから先にやることは実にシンプルで、次の通りとなる。

①上から順に30分ずつ取り組んでいく

②進捗を見える化する

③タスクを追加・修正していく

ひとつずつ説明しよう。

①上から順に30分ずつ取り組んでいく

ここから先は30分仕事術の出番だ。30分仕事術の理念にしたがい、プロジェクトに取り組むときはシンプルに30分だけ時間をかけることを意識する。

プロジェクト管理表に書かれたタスクは、取り組む順に並んでいる。これはつまり、上から順番にタスクを処理していけばよい状態である。

簡単なことだ。「家賃の予算を考える」というタスクから取り組み、その小分けされた「月の手取り額確認」のタスクが完了したら【図4・6】のように取り消し線を引く。これが②の「進捗を見える化する」の話となる。

では、「固定費を計算」の作業中に30分経ってしまったらどうするか。水道と電気の料金チェッ

■図4・6　タスク完了チェック

タスク	見積時間（分）	期日
●家賃の予算を考える	30	4月10日
・~~月の手取り額確認~~		
・固定費を計算		
・家賃の予算を検討		
●どこ（エリア）に引っ越ししたいか考える		4月15日
●エリアが安全かネットで調べる		4月16日

■図4・7　未来の自分への引き継ぎ

タスク	見積時間（分）	期日
●家賃の予算を考える	30	4月10日
・~~月の手取り額確認~~		
・固定費を計算　➡電気・水道料金チェック		
・家賃の予算を検討		
●どこ（エリア）に引っ越ししたいか考える		4月15日
●エリアが安全かネットで調べる		4月16日

クが漏れていたとする。この場合、**私は未来の自分に向けて簡単な「引き継ぎ」を行う**ようにしている。**【図4・7】**のように「電気・水道料金代をチェック」とメモを書いておくのだ。こうしておくと次にこのプロジェクトに取り組むとき、未来の私は「ここから再開すればいいんだな」とすぐにわかる。こうしておかないと「あれ、前回どこまでやったんだっけ？」となり時間をロスすることになる。翌日に取り組めればよいが、そうはいかないこともある。未来の自分へ引き継ぎをしっかり行っておこう。

③の「タスクを追加・修正していく」はこれまでも何度も伝えてきた。もちろん新しいタスクを追加するだけでなく、逆に「この作業はいらないな」と感じた場合も都度プロジェクト管理表を更新していけばよい。

プロジェクトの進め方の説明は以上だ。最後に、複数のプロジェクトをどうやって締め切りに

■図4・8　プロジェクトをタスク管理システムに組みこむ

プロジェクトX	
キックオフミーティング企画	4月6日
プレゼン資料作成	4月10日
上長確認	4月20日
全体会議で発表	4月23日
システム部MT	5月6日
バジェット管理	5月15日
WEBデザイン会議	6月1日
プレスリリース手配	7月1日

@ A=7-9
プロジェクトX
プロジェクトFOX
プロジェクト_
Toodledo→タスクシュートへの転記
タスクシュートに一度保存する
カレンダーの予定確認
机を確認して漏れがないかチェック
日次スタート
@ B=9-11

遅れないように管理するのか。書いておきたい。

複数プロジェクトの管理

先に、プロジェクトも複数のタスクの集合体にすぎないと伝えた。複数のプロジェクトを管理する秘訣は、各プロジェクトの中で細分化された一つひとつのタスクに着目することだ。どういうことか。例をあげて説明しよう。

プロジェクト管理表では【図4・8】の左のリストのようにタスクを書き出し、設定したデッドライン（期日）を書いていくと説明した。4月6日となっているタスクを、タスク管理システムにプロジェクト名で組みこむのだ。たとえばタスク管理ツールにタスク名を「プロジェクトX」として入力する（取り組む日付は4月6日にする）。そうすれば4月6日にタスク管理システムを見れば、今日やらなければいけないタスクの中にプロジェクトXが表示される。

いざプロジェクトXに取り組むときは、プロジェクト管理表を見にいけばよい。そうすれば取り組むべきタスクが一目でわか

■図4・9　プロジェクト管理の流れ

プロジェクト発生		作業日		実行
・**タスクを書き出す日を決める** ・**入力** クリアファイル、 エクセル、 Toodledo　など	▶	・**ざっくりとプロジェクト管理表作成** ・**タスク管理システムにプロジェクト名で入力**	▶	・**プロジェクト管理表通り実行** ・**必要に応じプロジェクト管理表を更新**

る。

こうして各プロジェクトの細分化されたタスク一つに着目し、各々に設定されたデッドラインをタスク管理システムに反映すればいいのだ。そうすれば複数プロジェクトがあってもタスク管理システムで難なく管理ができる。いざ各プロジェクトに取り組むときは各々のプロジェクト管理表を見にいく。細分化されているタスクを30分ずつ実行していけばいいのだ。

タスク管理の基本は、取り組む日付でタスクを管理すること。

何度も言うが、プロジェクトも複数のタスクの集合体にすぎない。プロジェクトの中の一タスクに着目し、取り組む日付で管理すれば問題なく管理することができるようになる。

プロジェクト管理表と30分仕事術を駆使すれば安心感をもってプロジェクトを管理することができる。是非試してみてほしい。

本章のまとめ

◉1日で終わらない量の仕事はプロジェクトとして別管理する。本書では30分以上のタスクをプロジェクトと定義する。

◉プロジェクトはタスク管理システムとは別に管理表を作って管理する。はじめにタスクを書き出すと全体の見通しが見えて安心できる。心理的ハードルも下がり、着手しやすくなる。

◉タスクを書き出すときは完璧を求めない。実際に取り組んでみないと仕事のイメージは湧かないことも多い。完成度3割くらいにとどめ、後から加筆・修正していくようにする。

COLUMN

いわゆる「朝型」と「夜型」について

第3章で認知リソースの話をふまえ、重要なタスクは朝一番のゴールデンタイムに取り組むのがよい。そう書いた。先に記した通りこの手法は大半の人に効果的だが、中には「朝はどうも集中できないんだよな」と感じる人もいるかもしれない。そんな人のために、いわゆる朝型と夜型の人間がいる。そんな話を参考までにしておきたい。

このテーマについて、睡眠科学の第一人者マシュー・ウォーカーが著書『睡眠こそ最強の解決策である』（SBクリエイティブ）に書いている。「朝型の人間は人口のおよそ40％、夜型は30％、残りの30％はその中間とされている。朝型の人間が覚醒のピークが午前中にくるのに対し、夜型はそれと異なるのだ」という。

この話は作家をはじめとしたさまざまなアーティストの創作習慣について書かれた本『天才たちの日課』（フィルムアート社）を読むと納得がいく。午前中に創作活動をする人が多かったものの、夜中に取り組むという人たちもいるのだ。

私の知人のベストセラー作家にも、夜中のほうが集中できるという人もいる。朝一番に重要なタスクに取り組むというのはあくまで原理原則であり（本書で一貫して主張している通り）、全ての人に通じるものではないということなのだろう。

もし朝一番は集中できないと感じるようなら、君は夜型なのかもしれない。そのときは自分が集中できると感じられる時間帯に、自分が一番大切だと思うタスクに取り組むようにしてみるとよいだろう。それは午後一かもしれないし、夕方かもしれない。君にとってベストな時間帯を見つけよう。

割りこみタスクを減らす戦略と戦術

この章では「割りこみタスク」を極小化する方法を伝えていきたい。第3章で割りこみタスクが思いのほか時間を取っていることを伝えた。その結果、本当の持ち時間が削られて30分仕事術の実践に大きく影響する。このことは理解してくれたと思う。

割りこみタスクは他者が自分に対してアクションしてくることだから、コントロールできない。確かにそれは一理ある。だが簡単にあきらめてはいけない。正しい対応と戦略を知れば、ゼロにはできないかもしれないが激減させることはできるのだ。実際に私が実践し成果を出した戦略を紹介しよう。

職場の環境や業種、本人のキャラクターもあるかもしれない。しかし試してみる価値はある。ぜひ実践してほしい。

割りこみタスクと時間の捻出

あらためて、なぜ割りこみタスクを減らす必要性があるのか。再度確認しよう。結論から言ってしまえば、割りこみタスクに時間を費やせば費やすほど、本来予定していた仕事に取り組めなくなるからだ。たとえば上司から30分かかる仕事を依頼され、その場で対応したとしよう。ここで考えるべきは、この30分はどこからきたのかということだ。言うまでもなく、通常の就業時間からだ。そう、割りこみタスクに費やした30分は限られた持ち時間の中から捻出していることになる。

朝の時点で今日やるべきタスクリストを作り、18時に仕事を終える算段を整えたとする。どれも今日やるべき仕事だ。いざタスクに取り組もうとしたときに割りこみタスクが発生した。急な作業に30分を費やすことになった。そうすると本来のタスクが予定どおり進んだとしても単純計算で予定終業時刻は18時30分になる。

ここで2つの選択肢が生じる。①予定通り仕事を終えるために、18時30分まで残業する。②予定通り18時に帰るために、30分相当のタスクを繰り越す。わかるだろうか。つまり割りこみタスクに時間を費やすということは、残業かタスク未完了という、どちらを選んでも自分を犠牲にすることなのだ。大げさに思うかもしれない。しかしこの事態が常態化することは好ましい事態ではない。このことは君にもわかるはずだ。

我々が割りこみタスクを極小化しなければならない理由はここにある。他者からの割りこみタスクに対応すればするほど、それは自分に無理をさせることにつながるのだ。さらに言えば、我々が目指す目標とは真逆の事態とも言える。本書で目指すのは働く時間を減らし予定通り仕事を終えて、気持ちも仕事もラクにすることなのだから。

では具体的にどうやって割りこみタスクを減らしたらいいのか。まずは割りこみタスクに対する考え方を変えることからはじめよう。

相手が急いでいるとは限らない

割りこみタスクが発生したとき、君はどのように対応しているだろうか。「B社の資料をまとめておいてくれ」と上司から急に頼まれた場合などだ。ここで冷静になって考えなければいけないこと。それは「はたして相手はそんなに急いでいるのだろうか？」ということだ。

Ｇｏｏｇｌｅ、ＮＩＫＥ、Ｐ＆Ｇでトレーニングし、世界最大のスピーチイベントで最高ランクの評価を得たジュリエット・ファント氏。彼女は著書『ＷＨＩＴＥ　ＳＰＡＣＥ　ホワイトスペース』（東洋経済新報社）で「案外、顧客自身もそんなに急いでなかったりするものだ」とし、入院患者がナースコールを押す回数について病棟看護師と行なった調査結果にもとづいて、このことをわかりやすく説明している。

ナースコールに応じる時間が決まっていないとき、患者は緊急かどうかにかかわらず用事を思いついたらその都度ボタンを押した。しかし看護師が「毎時間始めに立ち寄りますね」と声がけしたところ、患者が即座にボタンを押す回数は減ったという。看護師が次いつ立ち寄るか。その時間・タイミングを明確に示したことで結果的に患者は緊急のときを除き、次の巡回まで待つようになったのだ。

このケースから学べることはいくつかある。そのうちのひとつは「相手が必ずしも急いでいるとは限らない」ということだ。少なくとも昔の私は上司から「資料をまとめておいてくれ」と声をかけられた際、「早くやらないといけない」とすぐに仕事にとりかかっていた。しかし先の入院患者と同じように、もしかしたら上司は思いついた時点で依頼をしているだけで「１週間後に提出してくれればいい」と思っているかもしれない。もしそのことが明確だったら、翌日以降にこの仕事に取り組んだはずだ。

しかし昔の私は「相手が必ずしも急いでいるとは限らない」という発想がそもそもなかった。上司やクライアントからの仕事は、なる早で対応・報告しなければいけないと勝手に思いこんでいた。結果的に相手の想定より早く仕上げて驚かれることも増え、次も期待されるようになる。こうして必要以上に自らの負担を増やしていった。

では昔の私はどうすればよかったのか。答えはしごく簡単だ。上司やクライアントから仕事を依頼されたら「いつまでにやったらいいですか？」と期限を聞けばよかったのだ。あるいは自分から「1週間後でいいですか？」と確認すればよかった。ナースコールの例でわかる通り、対応するタイミング＝締め切りを顧客に知らせれば相手の緊急度合いが明確になる。「1週間後でいいですか？」という質問に「いや、会議にかける前に確認したいから明後日までに頼む」と言われたら、相手の意図や目的もくみ取れるだろう。逆に相手が急ぎではなければ「問題ない」との返答でスケジュールの共通認識もとれる。場合によってはさらに猶予をもらうこともできるだろう（このあたりの上司やクライアントへの締め切りの交渉法については6章でくわしく説明する）。

割りこみタスクが発生したときは「相手は必ずしも急いでいるわけではない」ということを念頭に置こう。そして、相手に「いつまでですか？」と確認する習慣を持とう。これが割りこみタスクに対する基本的な姿勢・スタンスだ。この考え方を自分に浸透させたための効果的な方法がひとつある。紹介しよう。

マニャーナの法則

タスクマネジメントの考え方のひとつに「マニャーナの法則」というものがある。マニャーナとはスペイン語で「明日」という意味だ。この法則は1章でも紹介した『仕事に追われない仕事術マニャーナの法則』にくわしく書かれている。基本的な考え方は「今日受けた仕事は原則、明日以降に取り組もう」だ。上司やクライアントからあらたな仕事を依頼されたとき、その仕事は翌日以降に取り組む。これを原則とする。

急な依頼にすぐに取り組んでしまうのは昔の私だけではないだろう。先に話したように、受けた仕事にすぐ取り組むデメリットは思いのほか大きい。割りこみタスクに費やす時間を自ら増やすことにつながるからだ。

ここでも上司から30分かかる仕事を依頼された例で考えよう。マニャーナの法則にしたがい、実際の作業は明日以降に取り組むとすればどうだろう。割りこみ（タスク）に費やした時間は上司とのやりとりのみ（たとえば1分としよう）となる。明日以降に対応すると決めたそのタスクは、作業日当日予定されたタスクになるので割りこみタスクのように悪影響は及ぼさない。結果、残業なども生じない。一方、頼まれた時点でその仕事に着手してしまうとどうなるか。割りこみタスクに費やす時間はやりとり含めて31分となる。この場合、自ら本当の持ち時間を削ってほかのタスクに影響を与えてしまっている。もちろん、「今日中にやってほしい」と言われたのなら仕方がない。

■図5・1　割りこみタスク対策

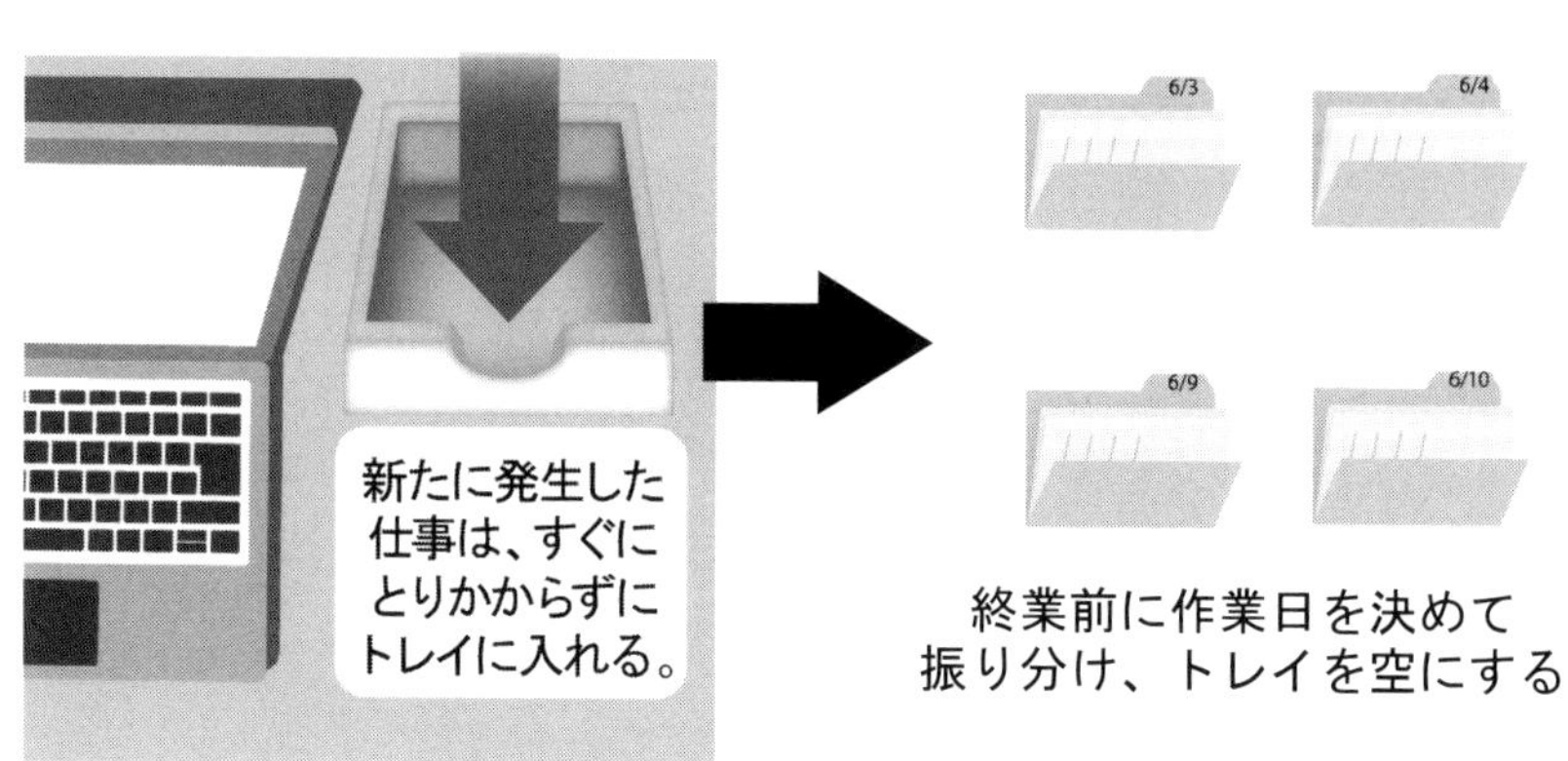

しかし急ぎかどうかもわからない状況で、自ら負荷を増やす必要はない。

マニャーナの法則も「相手が必ずしも急いでいるとは限らない」という考え方を基本としている。今日受けたからといって、相手から「今日中にやってほしい」と言われない限り必ずしも即座に対応する必要はない。それならば明日以降に取り組もう。そう提唱している。

マニャーナの法則が効果的なことは理解できても実際に仕事を頼まれた状況ではついその仕事に手を伸ばしてしまう。そんな人もいるだろう。大切なのはそうならない「仕組み」を作ることだ。仕組みといってもそんなに難しい話ではない。参考までに私がマニャーナの法則に出合った頃に実践したやり方を紹介しよう。

当時私は会社のデスクにトレイを用意し、今日あらたに発生したタスクはそこに入れるようにしていた。上司や部下から仕事の依頼を受けたら急ぎでないことを確認したうえで、トレイにそれに関連する書類を入れるのだ。クライアントからメールで用件が来たら、それを印刷してトレイに入れる。

電話での依頼ならその内容を忘れないようにメモにしてトレイに入れる。そうして終業前にトレイに入っている翌日以降取り組むタスクを作業日付毎に整理して退社していた。割りこみタスクにかかる時間は依頼されたときのやりとりと帰宅前の作業日の振り分けのみ。依頼された日にトレイの中は綺麗になるので、メモなどでも失くす心配もない。

たったこれだけだが、マニャーナの法則を確実に実践することができた。この法則の良いところは実践が簡単ですぐに効果が出ることだ。実際、このやり方ですぐに自分のペースで仕事を進められるようになった。

メールの印刷や先のクリアファイルの活用など、アナログだと思っただろうか。だが自分の中で仕組み化できるまではアナログくらいがちょうどよいと思っている。だからと言って、これが性に合わない読者もいるだろう。そのときはここでの原理原則をおさえたうえで自分に合ったやり方を探してほしい。

さてマニャーナの法則以外にも、割りこみタスクに費やす時間を減らす戦略（考え方）と戦術（具体的な方法）を伝授していきたい。次は「割りこみタスクを極小化したい」という姿勢を君の・・・・・・・まわりの人に示すことの大切さを伝えよう。

周囲への周知

基本的に割りこみタスクは外部の要因によって発生するものだ。他者とのかかわりで仕事をする以上、発生頻度をゼロにすることは難しいだろう。しかし極小化することはできる。そのひとつの方法が「私は割りこまれるのが好きではありません」というメッセージを暗に周りに伝えていくことだ。「上司やクライアントにそんなことが言えるか！」と思っただろうか。だがこれはそんなに難しいことではないのだ。いくつか私が日頃心がけていることをお伝えしよう。

ひとつは、上司や同僚から「今ちょっといいかな？」などと声をかけられたときに条件反射で「はい」と素直に応じないようにする。特にタスクに集中しているときは「急ぎでなければ、これが終わったあとでもいいですか？」と確認するようにしている。その時点で相手が急いでいればもちろんその場で応じる。しかしこれまでの経験上、相手は大抵の場合「ＯＫ。都合がよくなったら声をかけてくれ」というリアクションが返ってくる。そうしたらとりかかっていた仕事に戻り、一段落ついてから相手に声をかけるようにしている。

この手法は地味ではあるが、効果は抜群だ。まず、声をかけられる前に取りかかっていた仕事への中断が数秒ですむので集中力を大幅に落とさずに作業に再び戻れる（少なくとも私の場合、中断の時間が長ければ長いほど集中力を取り戻すのに時間がかかる）。

次に、毎回「急ぎでなければ後でもいいか」と相手に確認していると、暗に「この人は中断されるのが嫌いなんだな」と伝えることになる。この「暗に伝えられる」というのがポイントだ。「作業中は声をかけないでくれ」などとストレートに伝えたら「こっちだって仕事の話だよ！」と周囲に反感を買い、仕事がやりにくくなるだけだ。会社人たるものそんな波風をたてる必要はない。「この人はそういう人なんだな」という印象程度でよいのだ。きれい好き、早口、時間に正確など同じように「この人は割りこまれるのがあまり好きではないようだ」程度に印象づけられれば十分だ。そのメッセージさえ伝われば、本当に急ぎでなければ相手も声をかけてこなくなる。声をかけてくる前にチャット等で「相談したいことがあるがいつなら大丈夫か」と確認が入るようになる。後述するが私はメールやチャットは常にチェックしないようにしているので、それらの連絡が入っても割りこみタスクにならない。こうして私は苦なく割りこみタスクを減らすことに成功しているのだ。

こうして書くと、ものすごく自己中心的な仕事のスタイルと感じるかもしれない（まぁ、そのこと自体は否定しないが）。しかしこの習慣は相手にもメリットがあるのがポイントだ。それはこちらが準備ができた状態で相手と話をするので、相手としっかり向き合って対応できるようになることだ。どういうことか。

たとえば集中して作業をしてるときに声をかけられて、気もそぞろで相手の話に応じた経験はないだろうか。意外かもしれないが昔の私はイエスマンよろしく、上司や同僚から声をかけられたら常に相手を優先するようにしていた。しかし作業の手は止めても、私の頭はその切り替えについていけていなかった。特に思考を巡らしてタスクに対峙しているときなどは、相手の話に相槌を打っても、それまでとりかかっていた仕事のことが気になり100%相手の話に集中することができない。時には早く話を終わらせたいばかりに相手に早く結論を言うように促したりしていた。正直、相手からすればかなり感じが悪かったと思う。

しかし一段落した後で声をかけるようにしてからは、相手の話に誠実に対応できるようになった。こちらから主体的に声をかけることで心の準備もできているので、思考も時間も余裕をもって相手に向き合うことができる。急かさずじっくり話を聞くことで、昔と比べればかなり印象がよくなったはずだ。

何回も言うが、相手はそんなに急いでいるとは限らない。ならばたとえ後のタイミングになっても、きちんと話を聞いて相談内容をくみ取ってくれるほうが相手にとってもメリットがある。そんな風に考えよう。

「後にしてほしい」と相手に伝えることに、はじめは気が引けたり罪悪感を感じるかもしれない。しかし割りこみタスクを本気で減らしたいならこれは避けて通れない道だ。勇気を出して相手に伝えてみよう。意外と相手はあっさりと「ＯＫ」と言ってくれるものだ。ぜひトライして、この効果を体験してほしい。

チャット・メールチェックの弊害

割りこみタスクを減らすためにもうひとつ心がけていること。それはメールやチャットと距離を置くことだ。先にも書いたが、私はメールチェックなどはまめにはしない。もちろん社内外問わず連絡はくる。それらは便利な連絡手段だが、問題がある。それは常時チェックすることで、自ら割りこみタスクを作り出してしまう点だ。昔の私を例にこのことを説明しよう。

即レスこそデキるビジネスマンの証！　そう考えていた昔の私は、常にメールなどをチェックする習慣があった。集中して目の前のタスクに取り組んでいるときも、メールを受信すればすぐに確認。その場で返信することもあったし、そのメールに依頼事項が書いてあれば目の前のタスクを中断してその依頼事項に取りかかったりした。ここで何が起きているか、君は気づいただろうか。そう、私はメールを見にいくことでメール受信の度に割りこみタスクを自ら作りだしていたのだ。

言うまでもなくメールやチャット自体は本来割りこみタスクではない。なぜならメールやチャットをいつ見るかは、受け手に委ねられているからだ。たとえば1時間に1回メールやチャットをチェックすることをタスクリストに組みこんで予定していれば。それは割りこみタスクにはならない。単にルーティンタスクをこなしているだけだからだ。

一方メールやチャットを受信する度に自らそれらを確認していれば、それは結果的に割りこみタスクとなってしまう。割りこみタスクを減らしたいなら、メールやチャットを常にチェックしない仕組みを作ることだ。つまり確認する時間や頻度を事前に決めてそのペースを守ればいい。

では具体的にどれくらいの頻度で確認すればよいのか。私が提案したいのは1日に2回、たとえば10時と16時にチェックするようにすることだ。念のために言っておくが、これは机上の空論ではない。私や私のセミナーの受講生の多くがこのルールを守ることで大きなメリットを感じている。なぜ1日2回のチェックで十分なのか。説明しよう。

まず大前提として、先程も書いたが実は相手はそんなに急いでいない。メールやチャットに即レスしないからといって、何か問題が起こるだろうか？　もし重要で緊急な案件なら、相手はあなたに直接連絡を取ろうとするはずだ。クライアントなら電話で、同僚ならデスクまで用件を言いに来るだろう。メールやチャットで相手が連絡をしてきているということは、その時点で少なくとも急ぎの案件ではない。

もし万が一、相手が緊急な用件をメールで送ってきていたとしてもこちらから返事がなければ別の手段で直接連絡をよこすはずだ。問題がおきたときに「メールを送ったのですが、相手から反応がなくて・・」なんて言いわけはビジネスでは通用しないし、君が逆の立場だったらそうするはずだ。

誤解しないでほしいが、私は即レスや相手の連絡に早く反応することを軽んじているわけではない。即レスをしたり、相手に早く反応したほうがいいのは間違いない。しかしそれをすることで、自ら割りこみタスクを増やして自分の仕事が回らなくなるのでは意味がないと言っているのだ。

つまるところこれは「何を優先するか」の選択の問題だ。メールやチャットを常にチェックして即レスを心がけていれば、その点は評価されるかもしれない。しかし本当の持ち時間が削られることで仕事の生産性は低下し、能率が悪化し、長時間労働に陥る。結果的に「あの人は仕事が回っていない」「仕事が遅い」と評価されたら本末転倒ではないだろうか。一方で、メールなどのチェック頻度を落とすことでタスクへの集中度が増し、生産性が上がれば仕事の効率は劇的に高まり余裕をもって日々仕事をこなせるようになる。どちらを選びますか？　ということだ。

後者を選ぶ君にいいニュースがある。現在の私はメールやチャットに対する返信は、通常の人よりずっと早い。なぜか。それはメールやチャットと距離を置くようになり、仕事が回るようになったからだ。仕事にも心にも余裕があるので結果的にそれらの連絡にもすぐに反応できるようになるという正のスパイラルが生じた。

メールやチャットと距離を置こう。「1日2回」は言うまでもなく絶対的な基準ではない。私は「1日2回」で十分と考えているが、何回が最適かはその人の仕事の性質や自身の環境によっても変わってくるだろう。これまでの章でもしつこく書いてきたが、君には君自身の正解を見つけてほしい。

大切なのはメールやチャットと距離を置くということを意識づけること。自分のできる範囲からでかまわない。チェックの頻度を徐々に減らしていけばよい。メールやチャットを受信すると常にポップアップで通知されるようにしているなら、まずはそれを解除してみるのもいいだろう。集中しているときに目の端に通知が来ると、思いのほか気になってしまうからだ。そうしてチェックしにいく回数を1時間に1回、2時間に1回と段階的に試してみてはどうだろうか。

目的は「メールやチャットを常にチェックしなくても仕事は問題なく回っていく」ということを体感することだ。即レスを心掛けてきた分、不安になる気持ちはわかる。しかし実践してみればわかるはずだ――仕事は問題なく回っていく。このことを体感するには勇気を出して実際にチェックする頻度を落とすという「行動」をしてみなければならない。健闘を祈る。

メール返信は別タスクに

メールやチャットをチェックするときに意識してほしいことがある。それは**メール受信等の「確**

認の時間」と返信等の「対応の時間」を切り分けることだ。多くの人はメールやチャットを確認したとき、そのまま返信していることだろう。「了解しました」など、即レスできるときはそれでかまわない。しかしたとえば込み入った内容やクライアントへのかしこまった返信をしようとすれば、文章を考えるのに15～20分、場合によってはそれ以上かかってしまうこともあるだろう。そんなときはその返信を「○○メールへの返信対応」などのように、受信確認とは別のタスクととらえるべきだ。

なぜか。理由はいくつかあるが、一番シンプルな理由はメールやチャットへの返信は必ずしもその日中にやらなければならないタスクではないからだ。どういうことか説明しよう。

メールやチャットは通常ルーティンタスクで、ビジネスパーソンであれば原則毎日チェックしなければならないものだ。ルーティンタスクの定義は、毎日必ず行うタスクである。一方メールやチャットへの「対応」は、必ずしもルーティンタスクとは言えない。「相手は必ずしも急いでいるわけではない」を思い出そう。至急で返信をしなければならないケースを除き、翌日以降の対応で問題ないはずだ。であれば時間がかかる返信はチェックとは別のタスクととらえ、翌日以降に取り組むほうが合理的だ。その日に受信したメールやチャットへの返信に時間を費やせば、自ら割りこみタスクを作り出すことになるのだから。

ルーティンタスクは毎日必ず行わなければならないタスクに限定すべきだ。ルーティンタスクに費やす時間が多くなればなるほど、自由に使える「本当の持ち時間（総労働時間からルーティンタスクの時間を引いたもの）」は少なくなる。本来やるべき仕事に時間を割くために、確認と対応を区別すべきだ。少なくとも私はそう考えている。君もぜひ試してみてほしい。

3Wを明確にする

上司やクライアントとともに仕事を進める以上、状況は共通認識させておく必要がある。でなければ問い合わせ連絡などが増え、それらに対応する必要も出てくるからだ。そこで、それらを回避するために私が意識していることを紹介しよう。結論から言えば、仕事の見通しを必ず関係者に伝えることだ。

具体的には、次の3つを明確にすること。

・誰が〔WHO〕
・何を〔WHAT〕
・いつまでに（するか）〔WHEN〕

たとえばレポートの作成をクライアントから依頼された場合。「私が／レポートを／1カ月後までに（作る）」とあらかじめ伝えておく。こうして今後の流れをお互い明確にしておけば、上司やクライアントが状況がわからず確認してくることはなくなる。上司やクライアントが仕事の進捗を確認してくるのは、この3Wがハッキリしておらず状況がつかめないからだ。人は見通しがつくと安心できるという話を４章でも書いた。上司やクライアントからの確認を減らしたいなら、相手を安心させてあげることが大切だ。

また、自分は明確に相手に伝えたつもりでも共通認識がなされていないこともある。そこで会議の最後やメールなどで報告する際も、この３Ｗが明確になっているか自分でも意識しよう。逆に言えば「私が／レポートを／１カ月後までに作る」と明確に伝えておけば、少なくとも仕事の進捗についていては「それまでは連絡してくるな」というメッセージを暗に伝えていることにもなる。

「見通しを伝える」という観点では、仕事全体のスケジュール感や全体像を相手と共有することも重要だ。目的は先程と同じで相手の不安を払拭するためだ。

たとえばクライアントから１カ月後に何か新しい企画を経営会議で発表してほしいと依頼されたとする。今日が４月１日で会議が４月30日だとしよう。私なら依頼された時点で「たとえば次のようなイメージで進めていこうと思うのですが、いかがですか？」と提案する（事例として３Ｗを明確にするために太字にした）。

・４月７日**までに私から**企画の**ラフスケッチを提出**します。そこで一度打ち合わせをしましょう。
・打ち合わせをふまえ、４月17日**までに私のほうで企画を**本格的に仕上げ**提出**します。４月24日**までにフィードバックをください**。
・フィードバックをふまえ、４月27日**までに私のほうから最終版を提出**します。

こうして仕事の流れと全体像を説明したうえで、最後に「ではひとまず4月7日までに企画のラフスケッチをお送りしますね」と次のアクションを3W形式で明確すれば完璧だ。相手は「4月7日まで何もせずに連絡を待ってればいいんだな」と安心できる。自分も4月7日までは相手からの確認のみの連絡を避けることができる。

ここで伝えたいことは相手からの問い合わせを減らすために、あらかじめ相手の不安をどうやったら払拭できるか意識しようということだ。その手段として仕事の見通しを伝えることが有効であるとここでは書いてきた。相手から連絡が来ればその対応に時間を奪われる。それを避けるために自分のコントロール下で不明点がないか相手に確認したり、ＦＡＱを用意しておくなどできることをイメージするようにしよう。

全ては割りこみタスクをどうしたら減らせるのか。それが時間の創出につながるのだ。

Q1 チャットに急ぎだという要件が入ることも多い。その場合はどうすればいいのか？

まず前提として、チャットに急ぎの要件を送ってくるのは**相手の勝手な事情**である。このことをここであらためて認識しよう。相手が至急の要件を送ってきたからといって、ただちにそれを確認してレス（返信）する義務が君に生じるわけではない。

もし本当に急を要する重要な案件なら、相手は君に直接連絡を取ってくるはずだ（本章にも書い

た通りだ)。そのときは本章や次章で紹介するように交渉すればよい。

ただ、君が同僚との関係性を大切にしていることもわかるし、気になってしまうのもわかる。そこで現実的な対応策をいくつかお伝えしよう。

・ステップ1。あくまでチャットの確認とレスを分ける。

チャットを確認しないと不安なら、それはそれでかまわない。ただし至急の要件以外はその場でレスをしないこと。チェックだけして、元の作業に戻ろう。そうすることで割りこみタスクに費やす時間を最小限に抑えることができる。実際に試してみれば、これだけでも大きな効果がある。このことを実感できるはずだ。

・ステップ2。チャットの通知をオフにして、1時間に1回チェックする。

どうしても怖いなら30分毎でもよい。ここでのポイントは「チャットは常にチェックしてなくても大丈夫」という経験を積み重ねていくことだ。まずは30分からはじめて、しばらく続けてみて問題なさそうなら1時間間隔にしてみる。このように、少しずつチャットと距離を取ることを心がけていこう。こうした体験を積み重ねていけば、徐々に私が本章に書いたことが理解できるようになるだろう。そうすればそう遠くない未来に私と同じ感覚でチャットに接することができるようになるはずだ。健闘を祈る。

本章のまとめ

◉割りこみタスクに時間を費やすと、その分当初予定していた仕事をあきらめるか、残業することになる。時間は増殖しない。何かに時間を使えば、その分何かに時間を使えなくなる。この現実をあらためて確認しよう。

◉相手は必ずしも急いでいるわけではない。今日頼まれた仕事は明日以降に取り組むことを原則とする（マニャーナの法則）。仕事を頼まれたらデッドラインを確認しよう。

◉メールやチャットと距離を置く。チェックする時間を決めよう。チェックと返信は切り分ける。自ら割りこみタスクを増やさないこと。

仕事と一定の距離を置くことの大切さ

第1章のコラムで触れたように近年はAIが話題だが、つい最近まではITの技術革新による仕事の効率化が話題だった。たとえば書類のやりとりも郵送からFAX、その後メールに変わった。それによりビジネスのスピードは驚くほど進化した。AIの登場によりこの傾向に拍車がかかるのは間違いない。

こうした時代に必要なのは「仕事と距離をおくこと」だと私は考えている。どういうことか。本章で説明したマニャーナの法則に代表するように。要するに、仕事にすぐ飛びつかないことが大切だということだ。

本書をここまで読んでくれた君は、その理由が想像ついているかもしれない。そう、理由は単純。ビジネスのスピードが上がれば上がるほど、どんどん仕事が入ってくるようになるからだ。それに合わせて仕事をしていけば、どんなに一生懸命仕事をこなしても入ってくる量に負けて仕事は無限に増殖し続ける。そうするといつまでたっても仕事が終わらない。長時間労働を抜け出せなくなるだろう。

ではどうしたらいいのか。自分なりに一定のルールを作って、仕事と距離を置くことが必要なのだ。たとえばマニャーナの法則のように、今日受けた仕事は明日以降取り組むと決め

る。あるいはたとえば、受けた仕事は原則1週間以内に終わらせればいい（＝すぐに着手しない）と決める。

こうして仕事と距離をおけば、余裕を作り出すことができる。こうした「余白（＝距離）」を意識的にもつようにしないと、仕事は無限に増え続ける。結果、どんなに一生懸命仕事をしても仕事が終わらないという悪循環に陥ることになる。意識を変えなければ、長時間労働のループから抜け出せないだろう。

誤解している人が多いが、仕事を効率化しても働く時間が必ずしも減るわけではない。先程も書いたが仕事は無限に増え続けるからだ。働く時間をコントロールしたいなら、むしろ大切なのは仕事と一定の距離を保つことだ。そうすることではじめて余裕を作り出すことができるようになる。

仕事の効率化ももちろん大切だ。しかし仕事と距離を置かなければ、どんなにタスク管理のスキルを高めても長時間労働は抜け出せない。このことは覚えておいてほしい。

仕事を大胆に減らす方法

本章のメッセージを伝えたら、君は「身もふたもねー！」と思うことだろう。そのメッセージとは——**仕事の絶対量を減らさない限り、君が望む働き方・ライフスタイルは手に入らない。たとえ、どんなにタスク管理をマスターしても、**だ。

さて、これを聞いてどう思っただろうか？

実際に私よりもはるかに高いタスク管理のスキルを持ちながら、長時間労働を改善できずにメンタルヘルスを損ねてしまった人物を私は少なくとも2人知っている。私自身も、今と同レベルでタスク管理ができるようになってもしばらくは長時間労働から抜け出すことができなかった。私が長時間労働を抜け出せたきっかけはコーチングを受けたことだが、この章ではそこで学んだことを実践レベルで落としこんできたもの。これをくまなくお伝えしていく。実行には勇気がともなうがぜひ実践してほしい。

誤解してほしくないのだが、タスク管理に意味がないと言っているわけじゃない。タスク管理を身につけることで、私はこれまで書いてきたように日々余裕と安心感をもって仕事ができるようになった。残業がなくなったことで家族との時間も増えたし、仕事に生かせる知識を学ぶ時間も増えた。こうして執筆にも携われるようになったことも副産物だ。しかしタスク管理は魔法の杖ではない。

たとえば今君が抱える仕事量が自分の処理できるキャパシティの倍あったとすれば、どんなにタスク管理のスキルを高めても長時間労働から抜け出すことはできないのは明白だ。先の章で「本当の持ち時間が3・8時間しかないのに9時間分のタスクをリストに割り当てれば、予定通り終わら

■図6・1　割りこみタスクと考え方の両輪でゴールに向かう

ないのは当然だ」と書いた。これは仕事の量という側面でも当てはまる。一人が持てる荷物なんて限られている。だからこそ会社という組織には数多くの人材が必要となるのだ。

私はタスク管理は働き方を変える2つの車輪のうちのひとつにすぎないと考えている。タスク管理を身につけるのは大切だ。断言できる。しかしもうひとつの車輪がなければ働き方を劇的に変えることはできない。では、もうひとつの車輪とはなんなのか？

それは「マインドセット」。つまり考え方を変えることだ。

片方の車輪をいくら完璧に整備して軽くしても、もう片方が重ければ進むスピードは確実に落ちる。タスク管理というスキルとマインドセットという思考法の両輪がそろうことで、君の人生もより快適なゴールへと進んでいくのだ。

私自身、長時間労働していた頃と今とでは仕事に対する考え方が180度違う。が、ここまで来るのにかなり試行錯誤してきた。この章では昔の私が知りたかった「答え」が書いてある。私自身が長時間労働から残業ゼロに変わる過程で模索しながらも学び、身につけた知恵と言えるだろう。君には私が導き出した答えをショートカットで手に入れ、君自身の答えを見つけてほしい。

本章を読めばそのきっかけをつかめるはずだ。これからいくつもの現場レベルでの対応術を紹介していく。まずはその前提となる考え方の説明からはじめたいと思う。

それでは早速はじめよう。

不安がなかったらどう考える？

私はこう自分に問うようになったことで、仕事を大胆に減らすことができるようになった。この思考法は私がここ数年で身につけた中で最も革新的なものだ。仕事のスピードも格段に上がり、人生の指針まで手に入れるにいたった。この思考を身につけるきっかけとなったのはアラン・コーエンという専門家のコーチングを受けたことによる。コーチングとは、簡単に言うと今後自分がどう行動していくか。プロのライフコーチにリードしてもらいながら自分なりの答えを探し当てていく作業だ。

数年前、私は今のような余裕がなく、これから先の長い人生をどう生きるか途方に暮れていた。そんなとき、世界的なベストセラー作家でありライフコーチとして多くの人を導いてきたアラン・コーエンが数日間来日してコーチングすることを知った。藁をもつかむ思いで申し込んだのだ。

それ以降もアランには何度かコーチングを受けることになる。最初に受講したときの言葉は今でも鮮明に覚えている。

「Fear is always lier.」直訳すると「恐怖の感情はいつも嘘つきだ」となる。アラン曰く、**不安になったときに浮かぶ思考を信じてはいけない**のだそうだ。その後も私が相談するとアランは決まって「What will Love say?」と返してきた。直訳では「愛ならばなんて言う?」となるわけだが、これはつまるところ「不安がなければどう考える?」となる。恐怖の感情におしつぶされていなければ。世界に愛が溢れているとしたら。どう考えるだろうか?　アランはこうした視点で物事をとらえるように私を導いてくれたのだ。

愛に溢れた世界なんて聞くと、なんだかスピリチュアルで眉唾的な手法に感じるかもしれない。しかしこの「不安がなければ」という思考は、極めて合理的で実践的なものだ。その理由を説明しよう。

たとえば会議に向けて、大量に資料のコピーをしなければならなくなったとしよう。所要時間は30分程度。これを自分でやるか、部下にやってもらうか迷ったとする。昔の私だったら「部下も忙しいだろうから迷惑かな」とか「単純作業を依頼すると嫌われるかな」という思考で「30分で終わるなら自分でやるか」と考え、コピー機に向かってしまうだろう。しかし今の私なら、迷わず部下に依頼する。それは昔の私とは前提となる考え方が違うからだ。

今の私は人に頼ることが必ずしも相手の迷惑になるとは考えていない。部下に仕事を頼んだことで嫌われるとも思っていない。だから気にせずに依頼することができるのだ。その結果、その30分をより充実した会議にするための時間として活用することができる。

このように、前提となる考えが異なると人の行動は変わってくる。だがそもそも「人に迷惑をかけてはいけない」という考えは一体どこからきたのだろうか。生まれたばかりの赤ちゃんには「迷惑」という発想自体がない。ということは「人に迷惑をかけてはいけない」という考えは、後天的に身についたものだ。たいていは、幼少期に両親や学校の先生をはじめとした大人や社会に影響されたのだろう。問題は生きていくなかで身につけたこの考え方が、必ずしも正しいとは限らないということだ。

先程の仕事の依頼で言えば、部下によっては「コピーすら頼んでもらえなかった…」とか「コピーはやるから、会議でこの企画を通すことに専念してくれ」と考える部下もいるだろう。つまり「部下に仕事をお願いしたら迷惑をかけて嫌われる」という考えは、その部下にとって必ずしも正しいものではないのだ。正しくは「そういう時もあるし、そうでない時もある」だ。にもかかわらず「他者に迷惑をかけてはいけない」と一本気に生きているとどうなるか。周囲に仕事を依頼することができず、他者を巻き込んで仕事を進める人と比べて仕事の生産性や効率に大きな差が生まれてしまう。

アランの言う「不安になったときに浮かぶ思考を信じてはいけない」の理由はここにある。「嫌われたらどうしよう」とか「ほかの人の仕事の手を止めさせてしまったらまずいな」と不安を感じたときに浮かぶ考えや思考を絶対的に正しいと信じていると行動の選択肢が制限されてしまうのだ。そうすると仕事の生産性も下がり、さらに余裕がなくなり負のスパイラルから抜け出すことができなくなる。

長時間労働から抜け出せないときはまさにこの状態だ。必ずしも正しくない考えに縛られ自分の行動を変えられず、その結果いつまでたっても働き方を変えられない。

ならば、どうしたらいいのか。それは不安を感じたときに生じる自分の思考や感情を疑う習慣をもつことだ。そう、アランが私に教えてくれたように「不安がなければどう考える？」と自分に聞いてみればよい。

先日もセミナーの受講生から「社内の偉い人にメールする必要があったのだが不安になってかなり表現に気を使ったり、内容を精査したりして随分と時間をかけてしまった。今思えばあそこまでやる必要はなかったと思う」という話があった。送った相手から「こんな内容ではわからん！」と叱責される心配が浮かんだという。「偉い人へのメールは丁寧に打たないと注意される」という考えは、未だに私でさえ頭をよぎることはある。これ自体は自然なことだ。

大切なのは「不安がなければどうするか？」と自分に問いかけてみることだ。そうすると、メールの書き方が「叱られない丁寧な文章」という視点から「用件を明確に伝える」という視点に変わるはずだ。その結果「いつも通りのメールの書き方で問題ない」という答えが自分に返ってくるだろう。冷静に考えればあたり前だ。普段から「君のメールは意味がわからない」と言われているなら別として（その場合は違う練習が必要だ）、そうでなければ用件を相手に伝えることに緊張はいらない。

では君が上司の立場で、受信する側だったらどうだろうか。文章が丁寧すぎて長いメールを見たら「時間がもったいない。もっと簡単に報告してくれ」と思うのではないだろうか。こうして考えてみると「偉い人へのメールは丁寧に打たなければ…」というのは、必ずしも正しくないことがわかるだろう。

不安がなければどうするか？　これは「冷静に考えよう」と同義と言える。不安を取り除いた状態という、より明確なイメージで自分に問いかける習慣をもっていれば結果冷静な対応ができる。

こうした不安からくる「念のため」にしていた不要な行為はほかにも見られるのではないだろうか。昔の私のように口頭で話せば5分ですむ話を「相手の時間を奪ってはいけない」と考えてメールにしたり。同僚が過去に集めた資料を見せてほしいとお願いしたいが「不快にするかも」と自分でいちから集めたりするなど。不安をベースに仕事をしていると、タスクはどんどん過剰になっていく。「不安がなければどうするか？」と考え行動する習慣があれば、仕事は大胆に減らすことができる。仕事のスピードも格段に上げることが可能となる。

君には仕事に限らず、不安を原動力に行動しないことを提案したい。たとえば同僚が資格試験の勉強をしていたり、ＭＢＡ（経営学修士）を取るためにビジネススクールに通っていれば焦りや不安が生じることもあるだろう。そんなときも「不安がなければどう考える？」と自分に問いかけ、出てきた答えに勇気を出して身を委ねてみてほしい。その答えは「アイツとは求めるキャリが違う。自分にＭＢＡは必要ない」かもしれないし、「資格より人脈づくりの場に多く顔を出すようにしよう」かもしれない。他者との比較ではなく、自分自身のライフプランとして現実に即した選択肢で行動すればよい。神様は勇気を出して行動した人を見捨てたりしない。少なくとも私はそう考えている。

これから紹介していく仕事術の大半も、突き詰めて考えればこの思考を前提としたものだ。ケースタディの感覚で読み進めていってほしい。

具体的な戦略と戦術

さて、ここからは仕事を減らす戦略と戦術について話をしていく。仕事を減らすためにできることはたくさんあるが、全部書いたらそれだけで1冊の本になってしまう。なので厳選して4つの切り口に絞って話をしたい。次の通りだ。

①仕事を断る
②仕事を自ら拾いにいくのをやめる
③人にお願いする
④常に仕事の目的を考える

ひとつずつ説明していこう。

①仕事を断る

これは会社人人生の中で身につけたい最強のスキルのひとつだ。理由はシンプル。同じ30分を作り出すにも仕事を効率化して30分捻出するより、30分の仕事をひとつ断ったほうがはるかに簡単だからだ。仕事を断るというのはスキル。身につけることができれば、これほど効果的な方法はない。その方法については後述する。

一方で昔の私もそうだったが、仕事を断ることに強い抵抗を感じる人も多いだろう。「上司からの仕事を断るなんてありえない」「自分は助けられているのに、自分が断ったらイヤな奴と思われる」「信用して頼んでくれたのに、断ったら二度と信用してもらえない」といった感情がよぎり、断れないのもわかる。そう考えてしまう人達が実際に仕事を断れるようになるのは容易ではないだろう。

私自身の経験から言えば、**仕事を断れるようになるためには「仕事を断る経験」を積むしかない**。禅問答みたいだが、私はこれこそ真実だと考えている。仕事を断れるようになるためには、実際に断ってみて「断っても大丈夫なんだ」という経験に裏打ちされた安心感を身につけるしかない。ここで重要になるのは、まずは「小さな実験」からはじめることだ。些細なことで構わない。というより、大きな失敗をしないためにも小さなことであるべきだ。私の場合は会社での飲み会を断ることからはじめた。

コロナウイルス感染拡大や時代の背景もあり今でこそ会社の飲み会は激減したが、以前は私の職場では飲み会が頻繁に行われていた（たまたまそういう職場にいたのかもしれない）。当時の私はNOと言えず、そのほとんどに参加していた。これが大きなストレスになっていた。仕事を終えた後の貴重な時間は自分や家族のために使いたかったからだ。時には「予定がありまして」などと白々しい嘘をついたことはあったが、大半は断れず日々ストレスを募らせていった。

このままYESマンでいてはいけない。そうして意を決して、自分にミッションを課すことにした。それは嘘をつかずに飲み会を断ること。嘘をついて断っても、今後も行われる数ある飲み会の1回にしかすぎないのだから。私は一時しのぎではなく「今日は参加しません」と堂々と言える強いハートを身につけたかった。初めてそれを試したエピソードをここで紹介しておこう。

コロナ前の出張時の話。当時私の会社では出張に行くと現地のスタッフが労いの意もこめて、当日の飲みの場を用意してくれるのが慣習化していた。そのときも出張先の上の人が「今日夜空いてる?」と声をかけてきてくれた。歓迎してくれる気持ちは嬉しい。しかし私は疲れていたし、できれば部屋に戻って休息を取りたかった。だが一方で、せっかく誘ってくれているのにそれを断るのは申しわけない。その葛藤のなか「いや。断ることが今、自分に与えられたミッションなんだ!」と思いいたった。

そう割り切った私は「ヨシッ」と自分の中で気合いをいれ、「ありがとうございます。ですが今日は疲れてしまったので休ませていただきます」と切り出した。さぁ、どんな反応が返ってくるだろう……。ビクビクしながら相手の反応を待っていると、意外にも「そりゃあ、そうだよなー。今日は早く帰って休め～(笑)」という、予想外の温かい言葉が返ってきたのだ。

これを契機に、会社の飲み会を堂々と断る「ミッション」はこの後も何度もトライした。いずれも私が想像していたような冷たい反応、たとえばあからさまに嫌な顔をされるなどはなかった。このミッションを通して私が学んだことは「人は自分が思っているよりずっとやさしい」というものだった。この学びが断る自信につながっていった。

飲み会を堂々と断ることができるようになれば、仕事を断ることもその応用にすぎない。必要になるのはほんの少しの勇気と交渉力だ。

何事も最初は勇気が肝心

・仕事を断るときの鉄則①　可能な限りシンプルに「ＮＯ」を伝える

たとえば仕事が立て込んでいる時期に同僚からあらたな仕事を依頼されたとする。そんなとき私なら「依頼してくれてありがとう。でも今ちょっと余裕がなくて引き受けられないんだ」とだけ相手に伝えるだろう。これまでの経験上、大抵はこれで十分だ。同僚であれば私の状況など少しは耳に入っているだろうし、すぐに察して「ＯＫ。また手が空いたら別の案件にでも手を貸してくれ」と言って引き下がってくれる。

仕事を断ることに罪悪感を感じると、ついいろいろと言いわけをしたくなる。その気持ちはわかる。しかし喋れば喋るほど、相手側に交渉のチャンスを与えてしまうのだ。「そういう理由だったら、こうすればこの仕事を引き受けられるんじゃない？」と逃げ道をつぶされてしまえば、返す言葉もなくなるだろう。断るときは「シンプルイズベスト」。覚えておいてほしい。相手に反論の材料をわざわざ提供する必要はない。シンプルに「無理」と相手に伝えることを心がけよう。

・仕事を断るときの鉄則②　「頼ってくれてありがとう」というメッセージを伝える

先の例で私は「依頼してくれてありがとう」と最初に伝えている。これは「仕事を断っているのであって、あなた自身を拒絶してるわけではないよ」というメッセージを相手に伝えることを目的にしている。

仕事を断られても、なんとも感じない人もいる。実際、イ・ミンギュ著『「後回し」にしない技術「すぐやる人」になる20の方法』（文響社）によれば、「断られたときにどう感じるか」を問うアンケートで65・9％の人が「そんなこともあると思う」と答えている。大半の人は仕事を断られても傷ついたりしないようだ。しかし中には昔の私のように、自分が拒絶されたように感じてしまう人もいる。そんな人に向けて「断っているのは今回の依頼で、あなたへの拒絶ではない」というメッセージを伝えることは最低限の思いやりだと私は考えている。

そうして断っても、時には相手から「そこをなんとか」と食い下がられることもあるだろう。あるいは仕事を頼んできたのが上司で、ストレートに断りづらいときもある。そんなときは「交渉力」がものをいう。私が数々の交渉を経て身につけた、交渉スキルの奥義を君に伝授しよう。

上司からの依頼の断り方――土壌づくり

余裕がないときに上司からあらたな仕事を依頼されたとしよう。一度ＮＯを伝えたが上司も食い下がってきた。こういうときは、どうしたらいいのか。

まずはもう一度ＮＯと言ってみる。そのときは「ありがとうございます。やりたい気持ちはあるのですが、今は正直ほかの仕事で手一杯です。この仕事にコミットすることができないので引き受けるのは難しいのです」と素直に伝えてみる。「コミットできない」とは「仕事を期限通りに終わらせる約束ができない」ということだ。社会人として「コミットできない仕事はやりたくない」と伝えることはけっしておかしなことではない。この言い回しなら「ほんとは仕事を受けたい」という気持ちも伝えることができる。まずはこう伝えて上司の反応を見てみよう。それでもまだ粘られたらどうすべきか。

ここから先が腕の見せどころだ。

私は交渉するときにまず、自分の思い・感情をできるだけストレートに相手に伝えることを意識している。たとえば仕事が一杯いっぱいのときに、さらに仕事を依頼されたら君はどう感じるだろう？　私なら相手に対して「この人は私がどれだけ忙しいか、わかっていないんじゃないか」と不信感を覚える。ひいては「雑に扱われている・軽んじられている」とも感じるだろう。そのように感じたら、相手にできるだけストレートに伝える。たとえば私なら次のように伝えるだろう。

「申し訳ないですが先程も言いました通り、今ほかの仕事で手一杯で苦しんでいます。そのような状況下であらたに仕事を割り振られるのは、雑に扱われているようで悲しいです。また、私が抱えている仕事量を十分に把握されてないんじゃないかとも感じてしまいます」

ここでのポイントは「あくまで自分はそう感じる」と相手に伝えることだ。あからさまに「あなたは私に壊れるまで働けというのか」とか「私がどれだけ仕事をかかえているか、あなたは全然わかってない」と伝えたら上司もおもしろくないだろう。そうなれば上司も「そんなことをいつ言った？　君だって私の立場をわかっていない」と返してきて、険悪になるだろう。忘れてはいけない。ここでの目的は相手を非難することじゃなく、状況を理解してもらうことだ。そのために自分が感じていることを伝えるのだ。

君は「断るのに感情を添えたら、トラブルになるのではないか」。そう思ったかもしれない。なぜ自分が感じていることを相手に伝えることが大切なのか――それは、こうして心を開くことがコミュニケーションの出発点だからだ。

立場を逆に想像してみよう。君が上司の立場で、部下からつらい心の内・本音を打ち明けられたらどうだろうか。ハッとして、仕事の依頼事なんかよりも現在の様子を聞いてあげるのではないだろうか。私の経験上、大抵の上司は共感してくれ、思いやりの気持ちをもってこちらに接してくれた。相手との関係性を悪化せずに交渉するにあたっては、感情を伝えるという土壌作りがとても大切になる。

「交渉」と聞いて相手とバチバチやりあうことを想像したかもしれない。交渉力とはそもそも「お互いが納得できるゴール」を目指して話し合う力で、相手を言い負かす力ではない。相手とやりあうのはビジネスで得策でないのは君もわかるはずだ。特に相手が上司とあればなおさらだ。その場では上司が引き下がったとしても、心証が悪くなれば評価にも影響するかもしれない。その結果、仕事もやりにくくなり、長い目で見てさまざまなデメリットが生じることにつながるリスクもある。

大切なのは互いの考えをしっかり理解して話し合うこと。そしてその際は、お互いの本音をしっかりとオープンにすること。そのためにはまず、自分から本音をオープンにしなければならない。そうしなければ相手も本音を晒してくれないからだ。

だが、心の内を晒すのは勇気がいる。場数をこなしてきた私ですら、未だに「恥ずかしい」「情けない」と感じるときがある。しかしこれ以上仕事をかかえられないのも事実。勇気を出して切り出すしかない。君が「エイっ」と気合いを入れて向き合えば、大抵は相手も心を開いてくれるものだ。そうすれば本音で意見交換ができるようになるはずだ。

こうした交渉の土壌作りなしで相手と話し合えば、結果的に言い争いになる。お互いの現状や真意を理解せず、自分の主張だけを一方的にぶつけ合えば、どちらが正しい・間違ってるを単に議論することになってしまうだろう。先程も書いたがこれは得策ではない。激闘の末にたとえ君が勝ったとしても、長い目で見ればキャリアにマイナスになりかねない。そして大概は君が負ける。単純に上司のほうが立場が上だからだ。

君が勇気を出したことで話し合いの土壌が整ったら、ここからがいよいよ交渉の本番だ。私の場合、どうやったらこの問題を解決できるか、上司が一緒に考えられるよう提案を行っている。

上司からの依頼の断り方――実践

たとえばAという仕事を上司から頼まれ、断ったとする。が、上司は引いてくれなかった。

私はここで、なぜそもそも私に依頼をしてきたのかを尋ねる。そしてその理由に基づき、別の適任者を考え、その人にお願いしてはどうかと提案する。もし該当者がいない場合はどうするか。その場合は自分が抱えている仕事Cをほかの人にお願いできないかを尋ねてみる。それならAの仕事を引き受ける余裕ができるからだ。こうして仕事の割り振りで「自分OK、相手もOK」と思えるラインでの合意（win-win）を目指そう。問題解決のために「第三の選択肢」を上司と一緒に模索するのだ。

代替案を提示するのもありだ。たとえば「私は仕事Aが正直あまり得意ではないので、代わりに仕事D（自分が好きな仕事を言ってしまおう）であれば、なんとか現状でもコミットできると思います」と提案するのだ。どうせあらたに仕事を引き受けなければならないなら苦手または嫌いな仕事を引き受けるより、得意または好きな仕事を引き受けたほうがまだいい。そのほうが自分も手をつけやすいし、より会社に貢献できるはず。少なくとも私はそう考えている。

これらの提案に上司が一発でOKと言ってくれるときもあれば、そうでないときも当然ある。NOの場合はもちろんその理由を聞き、上司が求める条件をしっかり踏まえたうえで別の代替案を提示できそうならそうする。そうしてお互いが合意できそうな条件を探し当てるように話し合いを続ける。

それでもどうしても、上司と条件が折り合わないときはどうするか？

私は「NO DEAL（合意しない）」という選択肢を取る。このときグダグダと理由を説明する必要はない。「申しわけないのですが、これ以上はできかねます」と言う。気まずい雰囲気が流れるかもしれない。それでもそのまま黙っていよう。相手が口を開くまで、待つ！

ここまできてNO DEALとなれば相手もあきらめてくれる可能性が高い。あるいは先程までの話で提示した第三の選択肢で手を打とうと言ってくるはずだ。上司には部下に強制的に仕事を課す権利はある。しかしそれはあくまで最終手段だ。大抵の上司は部下に仕事を無理やりやらせたいとは思っていない。もし「これは命令だ」と言われたら、よっぽどの場合と考えよう。そのときはその仕事を引き受けるしかないだろう。しかし私なら「それなら仕方ありませんが、先程も言ったようにコミットできないと思うので、ベストは尽くしますが何かあったら必ずフォローはお願いします」と強く相手に釘を刺しておく。何か問題が起きたときに「コミットできないと言ったのに、それでも仕事を任せたあなたの責任ですよ」と言えるようにはしておかなければいけない。

上司への断り方について、最悪のシナリオにいたった場合も含めて説明した。ここでいいニュースがある。それは勇気を出して自分の心の内を晒せば大抵の場合、交渉はうまくいくということだ。私はこれまでかなりの数の交渉をこなしてきた。しかし最悪のシナリオにいたったことは一度もない。大抵は第三の選択肢が見つかるし、話し合いも穏やかに終わる。だがこればかりは「やってみればわかる」としか言えない。ぜひ挑戦してみてほしい。

「断る」「交渉」という行為はスキル・技術を要する。スポーツも楽器も、実際に体を動かして練習しなければ上達どころか基本すらできるようにならない。「断る」「交渉」も同じ。練習（場数）がものをいう。スキルとはそういうものなのだ。

いきなり完璧を目指す必要はない。「これなら断れそう」と感じる小さな案件から挑戦してみること。成功体験を積んでいくことが大切だ。地道に続けていこう。気がつけば私のように断ることが・・・・当たり前になっているだろう。

最後に無理なスケジュールで仕事を引き受けないための交渉法についても参考までに書いておこう。原理原則はここまで書いてきたことと変わらない。復習する気持ちで読み進めてほしい。

スケジュール面での交渉

私は上司やクライアントから仕事を引き受けるときに意識していることが2つある。ひとつはその仕事の「デッドライン」を確認すること。もうひとつは「完成時のイメージ」を確認することだ。なぜこの2つを意識することが大切なのか。例をあげて説明しよう。

たとえば上司から、あるレポートを提出するように依頼されたとする。このときにまず確認すべきことはデッドラインだ。ここまで読んできてくれた君には簡単だろう。上司に「いつまでにやればいいですか?」と具体的な日にちを確認する。「なる早（なるべく早め）」など不明瞭な指示に空気を読んで何も言わずに仕事を受けてしまうのはNGだ。両者の認識にズレがあった場合、仕事を依頼する側と受けた側の双方が確認のやり取りでストレスを抱えるだけでなく、後々トラブルになりかねない。

デッドラインが「1週間後」と決まったとする。そうしたら次に「完成時のイメージ」を上司に確認する。たとえば「1週間後の提出だと、こんな感じになりますね。このようなイメージのレポートでいいですか?」と確認する。仕事の完成時のイメージをすり合わせるのがポイントだ。必要があれば紙に図を書いたりして補足しよう。

ここで上司から「もう少し○○のデータを追加してほしい」と言われたら、君は上司にこう提案しなければいけない。

「わかりました。ただしそのデータは収集するだけで1週間はかかるので、レポートの締め切りは3週間後にしてもらえますか?」

無理なスケジュールで仕事を引き受けないためにはこうして確認・交渉することが大切だ。このように具体的に理由を説明すれば、まともな上司なら交渉に応じてくれるはずだ。もし期限が最優先事項なら「では追加のデータは不要だ。1週間後に提出してくれ」と言ってくるだろう。レポートの内容が優先なら「OKだ。3週間後でかまわないから、○○のデータは必ず入れておいてくれ」と言ってくれるはずだ。ここでも「自分OK、相手もOK」と思える条件での合意(win-win)を目指そう。交渉が万が一難航しても、本音で落としどころを探れば解決の糸口が見えてくる。

こうしたやりとりは慣れていないとストレスを感じるかもしれない。だが事前にしっかりとお互いの認識を一致しておけば、それから先は驚くほど両者ともストレスなく仕事を進めていけるようになる。ぜひ習慣にしてほしい。

さて、①だけでだいぶ長くなってしまった。次は②の「仕事を自ら拾いにいくのをやめる」の話をしよう。

②仕事を自ら拾いにいくのをやめる

時として会社では、誰がその仕事を処理すべきか明確に決まっていない仕事が発生することがある。昔の私はそうした仕事を積極的に拾うようにしていた。拾った仕事を自分で終わらせることもあったし、ほかの人にパスすることもあった。いずれにせよ、その仕事が宙ぶらり（誰もその仕事に着手しない状態）にならないよう細心の注意を払っていた。これは、その仕事をやりたかったからじゃない。そうしないと誰もやらないと考えていたからだ。平たく言えば、行き場のない仕事を自分が拾いにいかなければ組織が回らなくなる。本気でそう思っていたのだ。

こうしてやる必要のない仕事を自ら拾いにいくのは、24時間365日働く人生への特急券だ。特に会社での役職や立場が上になればなるほど「自分がそうしてがんばらないと会社（組織）が回らなくなる」と思いがちだ。しかし会社は私たち抜きでも問題なく回っていく。世界に名だたる企業のトップ経営者が代わったとしても、その企業は変わらず存続していくように。私はそう考え、あるとき勇気をふり絞って仕事を拾いにいくのをやめてみたことがある。「組織が回らなくなったらどうしよう」と激しい不安に襲われたが、様子を見守ることにした。その結果、どうなったか。

結論から言えば、何も問題は起きなかった。それどころか「自ら仕事を拾いにいかない」と私が決めつけていた同僚たちが、次々と「この仕事、私やります！」と手を挙げだした。なんてことだ。同僚たちは自分で仕事を拾わないわけじゃない。私のせいで拾いにいけなかったのだ！　恥ずかしいことだが、組織を回らなくしていたのは私自身だったと痛感した出来事だった。さて、ここでも私を動かしていたのは「組織が回らなくなる」という不安だった。不安からくる考えにふり回されてはいけないのだ。

余裕がないなか、自らあらたな仕事を拾いにいくのはやめよう。「組織が回らなくなる」なんて考える必要はないし、君がなんとかしなくても会社は何事もなく回っていく。会社とはそういうものだ。

さて、次は③の「人にお願いする」という話をしよう。

③人にお願いする

仕事を人に委託することの大切さは多くのビジネス書で書かれている。君も実感したことがあるだろう。しかし実際にうまくできている人となると、意外にも数は少ない。理由はさまざま。自分でやったほうが早いとか、ほかの人も忙しいはずだから罪悪感でお願いできないと感じる人も多い。

自分が苦手な仕事を人にお願いするとなれば、なおさらだろう。なんだか荷物を他者に持たせて自分はラクをしてるように感じるからだ。少なくとも昔の私はそう感じていた。しかし働き方を見直しているなか、苦手な仕事を中心に実験的に人を頼ることにしてみたのだ。その実験からおもしろい気づきを得た。それは頼む人や内容を間違わなければ大半の人が快く引き受けてくれるということだ。これは自分が依頼される側として想像すれば簡単にわかる。

たとえば見知らぬ人から道を聞かれたとしよう。たまたまその道にくわしかったので丁寧に教えてあげたらとても喜ばれた。感謝されたことで「役に立ててよかった」と自分も嬉しいのではないだろうか。これは仕事でも同じだ。たとえば君はエクセルが得意だとする。同僚から「エクセルの操作を教えてほしい」とお願いされたらどうだろう。私なら喜んで教える。

人は基本的に誰かの役に立ちたいという欲求を持っている。自分のしたことで相手の状況が改善されたならば、どんな些細なことであったとしても嬉しいはずだ。もちろん例外はある。それは自分自身に余裕がないとき、あるいは負担を感じることをお願いされたときだ。

昔の私もそうだったが、時間に余裕がないなか頼みごとをされると「いや、それくらいネットで調べて自分で解決してくれ」と思ってしまう。また、たとえ自分が得意なことだったとしても「いや簡単に言うけど、それ完成させるのにどれだけ時間がかかると思ってんだよ」と思うことであればさすがに嫌になるだろう。

相手に気持ちよく仕事を引き受けてもらうためには、次の条件を満たすこと。そうすれば相手が喜んでやってくれることを私は経験を通して学んだ。

・頼む相手側に多少でも余裕がある（少なくとも一杯いっぱいではない）。
・依頼内容が相手にとってそれほど負担ではない（相手が得意ならば、なおよい）。

この気づきを得られたのは大きかった。仕事を頼むことに罪悪感を感じなくなったからだ。頼む相手をきちんと選び、タイミングを間違えなければ、自分が苦手な仕事でも相手は喜んで引き受けてくれる。

苦手な仕事はどんどん人にお願いしよう！　ただし忘れてならないのは、対応してもらえたときはきちんと感謝の気持ちを伝えること。役に立ちたいという相手の気持ちに甘えず、「忙しいなか対応してくれてありがとう。とても助かったよ」と言葉にして伝えよう。それこそが円滑なコミュニケーションだ。

さて、最後は④の「常に仕事の目的を考える」話をしよう。

④常に仕事の目的を考える

多くの人が、目の前に仕事があるととにかく早く手をつけようとする。しかし能率的に働きたいなら、仕事にとりかかる前に「どうすればこの仕事を最速で終わらせることができるか」を考える習慣をもつことが大切だ。そのために必要なのは常に「仕事の目的」を考えることだ。

たとえば部署内で勉強会を開催することになったとする。ではそもそも、勉強会を開催する目的は何か。その会で取り上げる内容を参加者にきちんと理解してもらうことだ。その目的さえ達成できれば、本来どんな方法の勉強会であっても形式は自由と言える。にもかかわらず勉強会と聞くと、パワーポイントなどのツールを使った資料作りと脳内変換してしまうビジネスパーソンがあまりにも多いのだ。勉強会とは「そういうものだ」と思いこんでしまっているのだろう。そうして大量の時間を見栄えの良いスライド作りに費やしてしまう。目的を見失ってはいけない。ゴールは勉強会が終わった時点で、参加者が正しい情報をきちんと理解していることだ。けっしてきれいな資料を持って会議室を出ていくことではない。

かけるべき労力は「どうやったらこの内容を参加者全員に理解してもらえるか」だ。そしてどうすればそれを最速で達成できるかをあわせて考える。勉強会の構成を考えて、資料をきれいに仕上げて、では時間がいくらあっても足りない。たとえば私ならワードなどでポイントを箇条書きにした資料を作る。資料の見た目にこだわる代わりに勉強会の構成（話す内容やそれらを伝える順番）を工夫する。そのほうが見栄えの良い資料を配布するより、よっぽど参加者に内容が伝わったりする。こうした例はほかにもたくさんある。

電話で5分ですむ話を20分かけてメールしたり、その場で確認すれば完結するのに帰社後に確認してメールすることにしたり。「○月○日に会議を開きます」といった単なる情報の伝達（事務連絡）などであればメールなどを使うべきだ。だがややこしい話にはテキストを使ったコミュニケーションは向いていない。文面での説明は難しく、何回もやりとりすることになるのがオチだ。そうした話は電話で伝えたほうが早く・正確にすむ。

私はただいたずらに相手の時間を奪えと言ってるわけじゃない。「目的に応じて手段を考えよう」と提案しているのだ。

たしかにメディアによく登場する人たちは電話連絡を推奨しない人も多い。堀江貴文氏は「電話してくる人とは仕事するな」と言っていた。でも君も同僚も普通の会社員で、堀江氏のように多方面から連絡が入ってくるわけではないだろう。ならば安心して電話をかけて効率化を図ろう。クライアントなど配慮したい相手なら「○○の件で電話でお話したいのですが、いつ頃が都合がいいですか？」と事前に連絡事項を入れておけばいいだろう。

そうそう、会議もだ！　当たり前のように会議当日に資料を配布して説明することからはじめていないだろうか。会議の目的は？　多くは合意形成（決議事項について合意すること）であったり、情報共有ではなかろうか。それならば次のような手段を選択することもできる。

・情報共有が目的：事前に会議参加者に資料をメールし、会議までに概要を把握しておいてもらう。当日は資料の補足や認識のすり合わせとする。

・合意形成が目的：合意形成したい内容を関係者にメールし「ご意見あれば○月○日までに全員返信で返信してください。期日までにご意見がなければ、このまま進めさせていただきます。もしご意見に基づく打ち合わせが必要となれば改めてセッティングしますので、ご希望の場合はご連絡ください」と書き添えておく。

これならばこれまで1時間かかっていた会議を数分で終わらせることができるし、そもそも会議自体を実施せずにすむ場合もある。

私はここ数年これを実践しているが、当然ながら今まで問題が起きたことは一度もない。こういった業務効率化は誰にとっても有益なはずだ。だが日本企業の古い体質に染まってしまっていると、こんなに簡単で当たり前に価値あることすらも取り組もうとしない。それまでの価値観をヨシとする人たちからの批判や、他者からの同調圧力を恐れる気持ちがあるからだろう。

しかし安全と効率はトレードオフ（＝2つの要素は両立しない）だ。安全をとっている限り、生産性高く働くことはできない。勇気をもって仕事のやり方を変えていこう。いずれ君のやり方が会社の常識に変わる日がくるはずだ。

さて、仕事を減らす4つの切り口については以上だ。次の章では仕事を最速で終わらせる方法についてて書いていこう。

本章のまとめ

◉タスク管理を極めても、仕事の絶対量を減らさないかぎり長時間労働は解決しない。不安を感じたり、念のために何かをしようと感じたら「不安がなかったらどう考える?」と問うことを習慣にしよう。不安を原動力に行動しないこと。

◉「断る」「交渉」はスキルであり、実践を通した経験・場数でこそ磨かれる。小さい実験を続けよう。そうすれば次第に自信もついてくる。当たり前のようにできるようになる。

◉仕事の目的を考え、どうやったら最短でそれを達成できるか。考えることを習慣にしよう。安全と効率はトレードオフ。勇気を出して、上手にリスクを取っていこう。このスキルも経験・場数で磨かれる。実践あるのみだ。

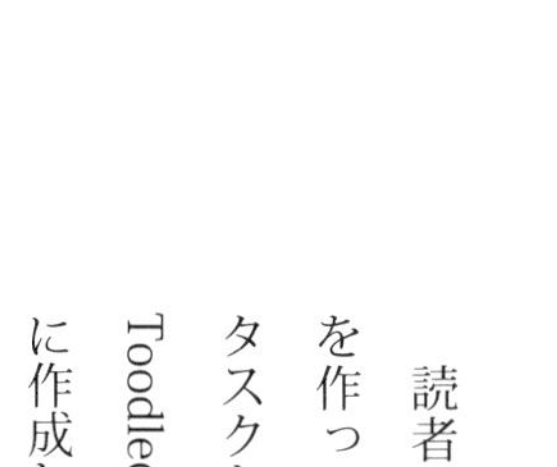

タスク管理の究極のゴール

読者の中には私が鼻歌を歌いながら仕事をするようになった今でも、毎日タスクリストを作っているのか。疑問に思った人もいるかもしれない。結論から言うとNOだ。今でもタスクを頭で覚えておかなくていいようにタスク管理自体はしている。タスクが発生すればToodledoに入力もする。しかし「上から順番に処理するタスクリスト」までは現在デイリーに作成していない。なぜかって？　理由は単純。そこまでやる必要がなくなったからだ。

やることを厳選するようになり、圧倒的な速さで仕事をこなせるようになった私の日々抱えるタスクは昔のように多くない。しかも、私のタスク管理の技術は熟練の域に達している。もはやタスクリストまで作らなくても十分仕事は回っていくようになった。もうタスクリストをわざわざ作る必要はないのだ。

プライベートでも「薬を飲む」「牛乳を買い行く」をはじめ、やらなければいけないことは「たすくま」に入れている。それらを頭で覚えておきたくないからだ。しかし仕事と同様、タスクリストを作ることはない。その理由はシンプル。日々やらなければいけないことがそんなに多くないからだ。

タスク管理の究極のゴール。それはタスク管理をしなくていい生活を手に入れることだ。

少なくとも私はそう考えている。要するに、好きなときに好きなことができる生活だ。この実現のために私はこの数年、やらなければいけないことを最小限に抑えることを日々心がけてきた。結果、満足できる生活を手に入れることができた。

やることが多すぎれば、タスク管理の達人でもタスクリストを作らざるを得なくなる。少なくとも私が提案するゴールを達成したいなら、取るべき戦略は明らかだ。やらなければいけないことをとにかく減らすこと。これに尽きる。もし君が私と同じゴールを目指すなら、タスク管理だけでなく、本書の後半に書いたスキルも身につけなければいけない。

毎日少しずつでいい。とにかく意識して、やらなければいけないことを減らしていこう。これを続けていけばそう遠くない未来に君も望むライフスタイルを手に入れることができるはずだ。健闘を祈る。

生産性を至高の域まで高める戦略と戦術

この章では「仕事を最速で終わらせる」ために、君に知っておいてほしいことを書いていく。細かい話に入る前に、前提となる事実をあらためて説明しておく。前章で「安全と効率はトレードオフ」と書いた。言い換えればこれは「リスクとスピード」はトレードオフの関係にあるということだ。

賢明なリスクの取り方

若いときの私はスピードと完璧さ（仕事でミスをしない）は両立できると信じていた。しかし残念だが、これは神話だったようだ。断言しよう。仕事が速い人はみな例外なく、リスクを取って仕事をしている。では彼・彼女らはなぜ失敗しないのか。それは賢くリスクを取っているからだ。

仕事のスピードを上げたいならミスする確率と損失、効率と生産性のバランスを考慮して賢くリスクを取らなければならない。ここではそのヒントを4つの切り口から説明する。次の通りだ。

①80対20の法則
②パーキンソンの法則
③依頼者から早くフィードバックを得る
④即断即決の全技術

■図7・1　80対20の法則

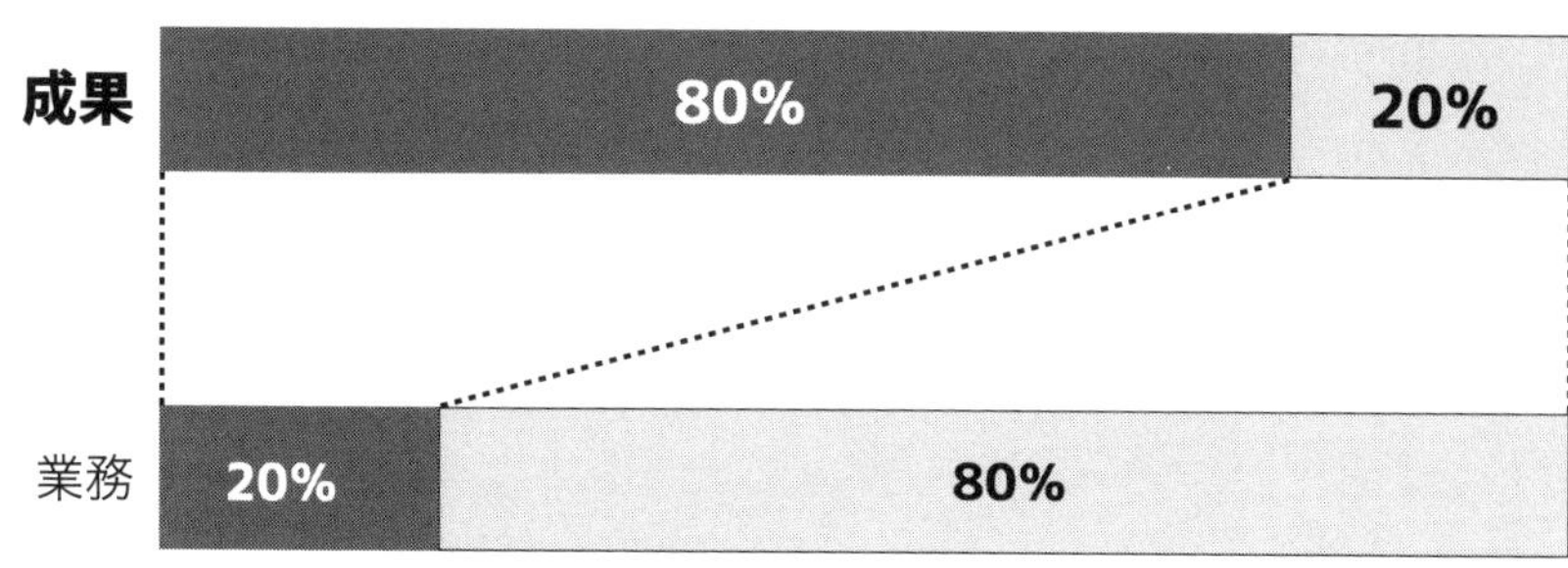

ひとつずつ説明していこう。

①80対20の法則

君は「80対20の法則（パレートの法則とも呼ばれる）」を知っているだろうか？　世界的なベストセラーとなったグレッグ・マキューン著『エッセンシャル思考』（かんき出版）の影響で、この法則を知った人も多いかもしれない。しかし実際にビジネスの現場でこれを意識して実践している人となると話は別だ。その数はとたんに少なくなる。

この法則はざっくりいうと「2割の要素が全体の8割を生み出している」とする考え方で、ビジネスで言えば「仕事における成果の8割は、2割の業務から生み出されている」となる。逆に言えば、8割の仕事は2割の成果しか生み出していない。なんということだ。この法則に則れば、大半の仕事は価値を生み出さない生産性のない仕事ということになる。

この考え方の根拠についてはリチャード・コッチ著『増補リニューアル版　人生を変える80対20の法則』（CCCメディアハウス）にくわしく書かれているのでここでは割愛するが、この法則を実践す

■図７・２　80 対 20 の法則の活用

	成果	時間
タスク A	10	60
タスク B	10	60
タスク C	10	60
タスク D	100	60
タスク E	100	60
タスク F	100	60
作業時間	360 分	
成果	330	

⇒

	成果	時間
タスク A	10	**20**
タスク B	10	**20**
タスク C	10	**20**
タスク D	100	60
タスク E	100	60
タスク F	100	60
作業時間	**240 分**	
成果	330	

⇒ 40 × 3 ＝ 120 分削減

⇓

タスク G 100（60 分）
タスク H 100（60 分）

⇓

360 分
530

るかしないかで仕事の生産性は全く異なったものとなってくる。

この法則を活用する人は常に成果の８割を生み出す２割の仕事に注力し、それ以外の仕事は極端に言えば切り捨てている。理由は単純。**同じ1時間にしても、大きな成果を生む〝2割の仕事〟に時間を使ったほうが自分にとっても会社にとっても有益**だからだ。

ものすごく単純な例でこのことを説明してみよう。

【図７・２】を見てほしい。左側のように、10の成果をもたらす仕事と１００の成果をもたらす仕事がそれぞれ３つずつあるとする。いずれもふつうに取り組めば、60分（１時間）かかるとする。成果という視点で見ると、この場合６時間かけた結果は３３０となる。

一方、80対20の法則を活用する人は右側のような働き方をする。成果10の仕事は可能な限り労力をそぎ落として、それぞれ20分で終わらせるのだ。そうすることで１２０分（40分×３）の時間を創出し、その時間を使って成果１００の仕事をさらに２つこなす。そうすると同じ6時間で530の成果を生み出すことができるわけだ。

考え方を示すために極端な例で説明したが、イメージはつかんでもらえたのではないだろうか。このように80対20の法則を活用する人は成果の低い8割の仕事にかける時間とエネルギーをできるだけ減らし、自分のリソースをより価値を生む2割の仕事に注力しているのだ。

「考え方はわかった。だが、たとえあまり価値を生み出さないとしても仕事で手を抜くことに抵抗がある」。そういう人もいるだろう。気持ちはわかる。誤解しないでほしいのだが、私は仕事を丁寧に行うことを否定しているわけじゃない。これは仕事の生産性を高めて効率良く進めるために「何を優先するか?」という話なのだ。限られた時間で最大の成果をあげたいと考えるなら、全ての仕事を完璧にこなすことをあきらめなければならない。これがリスクとスピードはトレードオフであるということだ。生産性が悪い仕事を捨てる勇気が必要になる。

つまるところ、80対20の法則が実践されない理由もここにある。けっきょくみんな捨てる勇気がもてないのだ。全ての仕事をきちんとこなして、かつ、生産性高く働きたいと思っている（昔の私も当然そうだった）。

はっきり言おう。それは無理だ！　全てを手に入れようとする人は、結局何も手にすることができない。「仕事をきちんとこなす、かつ、生産性高く働く」を目指す人は例外なく長時間労働に陥る。そもそも現在の業務に時間的にも心理的にも余裕がある人は本書を手にとっていないだろう。本書を読んでくれている方は、自分の仕事の進め方を改善したいと思っている人だ。ならば断言する。**君の考え方を変えることこそ、スタートラインである。**

さて、ここまでくれば80対20の法則を活用して仕事をしたほうがいいことは君もわかってきたと思う。では具体的にどうやって重要な2割の仕事を見極めるのか。

たとえば君が営業の仕事をしているなら話は簡単だ。売上の8割を生み出している〝2割の顧客〟を特定すればよい。営業職なら売上の実績を見るまでもなく明白だろう。

だが、簡単に特定できない仕事の場合はどうすればよいか。その場合は上司から評価された過去の仕事のことを思い出そう。人事評価制度があれば、それを活用できる。そこではどんなことが評価されていただろうか。評価制度がない場合、仕事の成果の8割は2割の仕事が生み出しているという前提で上司からのフィードバックを思い返してみよう。「本当に、この仕事はよくやってくれた」と労われるような仕事は数えるほどしかないはずだ。このことに気がつくことが出発点になる。

2割の重要な仕事が特定できたら次は生産性の高くない残りの8割の仕事にかける時間と労力を最小限に抑えるよう意識しよう。繰り返すが、ここがミソだ。

たとえば君が主動の「勉強会を開催する」というタスクがあるとする。もしこのタスクが重要な2割に該当しない場合、いかに時間と労力をかけずにこの勉強会の用件を満たすことができるか。考えるのだ。先の章でも話したが、やみくもにパワーポイントで資料作りをはじめてはいけない。「労力をかけない」という視点で考えれば、ワードにポイントを箇条書きにした資料でもよいだろう。パワポで資料作りに慣れている人には勇気がいるかもしれない。でも試す価値はある。もし万が一「なぜきちんとした資料じゃないのか」という批判を浴びたとしても（そんなことが起こりうるとはとても思えない）、ワードに書いた要点で事足りているし、そもそものタスクは価値を生まない８割の仕事だ。よってダメージは少ない。

何度も言うが、全てを手に入れることはできない。生産性高く働きたいなら価値を生まない８割の仕事にかける時間と労力をいかに減らすことができるか。これがカギとなる。これには知恵と勇気が試される。健闘を祈る。

②パーキンソンの法則

仕事の生産性を上げるという観点で、もうひとつ知っておいたほうがいい法則がある。それは「パーキンソンの法則」とよばれるものだ。私の愛読書ティモシー・フェリス著『「週4時間」だけ働く』（青志社）の中でこの法則は「仕事は、完了するために割り当てられた時間に応じて（見た目が）重要で複雑なものへと膨れ上がっていく」と紹介されている。「与えられた時間いっぱいまで仕事は膨らんでいく」というこの法則はつまるところ「時間を制限すれば仕事はどんどん片付いていく」と言えるだろう。

たとえば会議。情報共有が目的のため想定では30分あれば十分だと思っても、キリのよい１時間でひとまずセッティングして関係者に通達する。すると設定した60分に合わせてなんとなく進行してしまい、結果30分で終わる会議も60分費やしてしまう。そんな経験はないだろうか。最初から30分でセッティングしておけば、無駄なやり取りもなくなるのだ。

私がこれを最初に体感したのは長時間労働に苦しんでいた時期だ。少しでも効率よく仕事を終わらせるために、当時の私は始業前に1時間以上前業（始業前に働くこと）することが習慣になっていた。そんななかでブログをスタートしたのは2014年。といってもそれ以前に少しブログを書いたことはあったがうまく続けられずにいた。そんななかサポートしてくれる人に出会い、もう一度本格的にブログを再開しよう。そう決意を新たにしたのだ。

せっかく再始動したのだから、どうせなら毎日ブログを更新したい。そう考えがんばっていた。だが、ただでさえ時間がない。ブログを毎日書く時間を捻出する必要に迫られた私は、さんざん考えたあげく前業をやめてその時間をブログの執筆にあてることにした。もちろん、この決断は簡単ではなかった。仕事への影響を考えれば睡眠時間を削るわけにはいかない。家族と過ごす時間を犠牲にすることも考えられない。そこで残された唯一の選択肢が、働く時間を減らすことだったのだ。「え？　時間が足りないから前業していたんじゃないの？」と思っただろうか。無理もない。

私は当時「働く時間を減らさなければいけない」とちょうど考えていた。とりあえず試してみて、仕事が回らなくなったらまた元に戻せばいい。そう思い、翌日から前業をやめてその時間でブログを書くことにした。それからは毎朝オフィスでの前業に代わり、会社近くのマクドナルドでブログを書いた。はじめのうちはさすがに「就業時間内に仕事が終わらなくなるかもしれないな…」と少し不安になっていたが、1週間、2週間と経過しても仕事は問題なく回っていく。さらに1カ月、2カ月と経過しても何も問題は起こらなかった。月単位で考えれば、間違いなく20時間以上働く時間は減っていたはずだ。にもかかわらず、何も問題は起きなかったのだ。就業時間という限られた時間枠内で、それまでと同じ成果を保つことができたことに安心したと同時に、「今まで私が捧げてきた前業の時間は一体なんだったんだ……」と思わずにはいられなかった。

実は「残業ゼロ」の働き方をはじめたときも同じ経験をしている。私は当時色々あって（くわしく知りたい人は拙著『気持ちが楽になる働き方　33歳大企業サラリーマン、長時間労働をやめる。』〔金風舎〕を読んでほしい）２０１６年4月から「残業ゼロ」で働くことに決めた。このときも、前業をやめたときほどではなかったが「時間内に仕事が終わらなかったらどうしよう」と不安になった。しかし蓋を開けてみれば、またもや問題なく仕事は回っていった。いや、むしろ仕事はどんどん片付いていった。パーキンソンの法則は正しかったのだ。どうしてそう断言できるのか。

働く時間を制限していなかった頃の私は、仕事が終わらなければ最悪残業すればよいと思っていた。だが働く時間を制限すると、必然的に仕事にかけられる時間が限られてくる。残業をしていた頃は「この仕事にどれくらいの時間が必要か」という「仕事起点」で仕事に費やす時間を決めていた。しかし残業しないと決意してからは「この仕事にはこれくらいの時間しかかけられない」と考えるようになった。今の私は仕事に費やす時間を決めるとき「仕事起点」ではなく「時間起点」で考えている。

これは育児や介護、社会人スクールなどで残業ができない、または時短勤務をしている人には当たり前のことだろう。終業時間のリミットが決まっているので、上手く仕事をさばかないとそのあとの全てに影響が出てしまう。必然的に「この仕事にはこれしか時間が使えない」という考え方になるはずだ。だが迫られる事柄がなくても、考え方を変えれば結果は変わる。今の私がそうであるように。

時間を制限したことは結果的に80対20の法則と良い相乗効果を生んだ。時間がなくなった私は、必然的に生産性の低い8割の仕事に時間をかけられなくなっていったのだ。時間が限られると効率を重視し、人は過剰な品質を追求しなくなる。及第点で充分だ。そのおかげで結果的に最速で8割の仕事を片付けられるようになっていった。

繰り返すが生産性を上げたいならば、時間を制限することだ。いきなり「残業ゼロにしろ」なんて言わない。1日15分でも30分でもいい。できる範囲で少しずつ、働く時間を減らしていく。それを続けていけば、君の生産性は驚くほど上がっていく。

③依頼者から早くフィードバックを得る

仕事を効率よく終わらせる極意がある。それは、とにかく早く依頼者からフィードバックを得ることだ。たとえば上司やクライアントから新たな案件を依頼されたとする。このとき大切なことは仕事の完成度が低い段階で、一度上司やクライアントから意見（フィードバック）を得ることだ。完成度が「高い段階」じゃない。「低い段階」だ。

第6章のスケジュールの交渉でも少し触れたが、早い段階で完成時のイメージをすり合わせておくこと。「とりあえずザッと作ってみました。方向性が間違っていないか、確認いただけますか？」と伝えて、上司やクライアントの意向を確認しよう。この段階で「ここはもっとこうしてほしい」といった意見をもらってから、本格的に手をつけるようにするのだ。そうすると仕事の「答え」を先にもらえるわけだから、当たり前だが遠回りをせずに仕事を仕上げることができる。

多くのビジネスパーソンがこの逆で仕事を進めてしまっている。私自身も昔そうだったが、上司やクライアントから「もっときちんと考えてこい」と言われるのを避けたいあまりにきっちり仕上げてから提出してしまうのだ。しかしこうした仕事のやり方は乱暴に言うと「運まかせ」だ。運良く「一発ＯＫ」がもらえたら結果オーライ。しかし大抵の場合は運が良くてもそれなりの修正が入ることになるだろう。もし運が悪ければ、最悪ちゃぶ台返しを食らう。ゼロから仕切り直しとなる。

いずれにせよ依頼者の意向と君の仕事の方向性がズレていればいるほど修正は大変な作業になる。仕事の締め切りに余裕があればまだいい。しかしギリギリでやり直しを食らったら、もはや目も当てられない事態となってしまう。

プレゼンの資料作成なら、まずはワードなどを使って箇条書きで構成をザッと組み「こんなイメージでスライドを作るつもりですが、内容や方向性に相違はないですか？」と意向を確認する。そこで上司やクライアントからのフィードバックをふまえて、パワーポイントの資料作りをはじめていけばよい。

それぞれの仕事には「答え」がある。そしてそれは、君の上司やクライアントが握っている。それならば、早い段階でその「答え」を教えてもらえばいい。相手にとっても答えを早い段階できちんと理解してもらったほうが安心できるはずだ。

言うまでもなく仕事の価値は君が決めるものではなく、上司やクライアントが決めるものだ。君がどんなに「この仕事には価値がある！」と気合いを入れて取り組んだとしても、相手が求めている主旨とズレていたら「価値がない」ということになる（これが仕事のつらいところだ）。

仕事の「答え」を先に聞いてしまおう。答えさえもらってしまえば、最短ルートで仕事を仕上げることができる。そのためにはとにかく早くフィードバックを得ること。肝に銘じてほしい。

④即断即決の全技術

多くのビジネスパーソンは意思決定にあまりにも多くの時間をかけすぎている。タスク管理で時間を記録するようになり、そのことに気がついた私は愕然とした。ある日ウンウンと考えていたら気がついたら30分経っていた。これでは時間が足りなくなって当然だ。

ビジネスパーソンが日々意思決定をしなければならないことは山のようにある。それらを2分以内で決断できるようになれば、恐ろしいほど時間を創出することができる。ではどうやったらそれができるようになるのか。私自身が身につけた即断即決の技術をここでは紹介していきたい。

一番最初に心がけてほしいこと。それはとにかく「早く決めよう」と意識することだ。できるだけ早く意思決定をする。これを意識するだけで時間を大幅に減らすことができる。大切なことは判断にかける時間を計測することだ（キッチンタイマーでもかまわない）。計測をすると「あ、判断に時間をかけすぎている」と意識することができる。また「早く決めよう」という意識も働く。

判断にかける時間を先に決めてしまうことも大切だ。私が好きな本『イシューからはじめよ』（英治出版）の著者の安宅和人氏は若い同僚に「10分以上真剣に考えて埒が明かないのであれば一度考えることをやめたほうがいい」とアドバイスするという。**長い時間をかければ良い判断ができ**

るとは限らない。それはただ「判断するのに長い時間をかけた」と安心したいだけだ。「失敗することが怖い」という恐れから、いたずらに時間をかけてしまっている可能性が高い。

たとえば10分など、考える時間を決めてしまおう。そのうえで時間内に決めることができなければ「エイっ」と決めてしまうことも大切だ。はじめの頃は思うようにいかないと感じるときもあるだろう。私自身も慣れるまでは時間内に決めることができず、もどかしい思いをした。しかし経験を積むと慣れてくる。即断即決はある意味「技術」だからだ。技術を身につけるためには「経験」「場数」を積むことが何よりも大切になる。即断即決を常に心がけ「エイっ」ととにかく決めていく。時には判断ミスもする。そのとき「どうすればより早く、より正確に決断できたのか」をふりかえる。そこで得た仮説をまた試していく。これを繰り返していく。それ以外、技術を身につける方法はない。

早く意思決定する方法論は本屋に溢れている。にもかかわらず、多くのビジネスパーソンが未だ即断即決できるようになれない。その理由がここにある。経験に目を向けず、方法論ばかりに目を向けているからだ。ピアノやテニスは本で学ぶだけでは上達しない。原理原則を学ぶことはたしかに大切だ。しかし実際の経験のほうが大切なのだ。

意思決定のポイント

この先、即断即決の原理原則を説明していく。しかし即断即決の場数を踏むことが何より大切。

このことを忘れないでほしい。それではじめよう。

即断即決の技術を紐解くと次の3つのポイントに集約される。

①問題をシンプルにする
②情報が十分か確認する
③走りながら考える

ケーススタディを通してこの3つを説明していきたい。

たとえば「健康的な食事」をテーマにクライアントの社員に向けて講演を開催することになったとする。講師をAかBのどちらかから選ばなければならないとしよう。このとき、ただ漫然と「AかB、どちらがいいかな」と悩んでいても即断即決はできない。なぜならこの時点で解くべき問題がシンプルになっていないからだ。即決するためにはまず解くべき問題をシンプルにする必要がある。そのためには複雑に絡まっている問題を紐解く作業からはじめる。

どういうことか。まずは意思決定に必要な要素は何か？　考えて書き出していく。このケースの場合、たとえば次のように書き出す。

❶両者の講演料
❷両者の経歴

❸講演実績とその評判
❹両者の考え方の違い

次は書き出した要素を一つずつつぶしていく。このケースであれば❶～❹を調べていく。そうすると解くべき問題が明らかになる。たとえば今回❶～❸に大きな差はなかったとしよう。そうすると❹を掘り下げれば意思決定ができそうだとわかる。問題がシンプルになったというわけだ。

即決できないのは問題が複雑だからだ。問題を解くための要素を書き出して一つずつ対処していけば論点はシンプルになる。そうすれば即決しやすくなる。一方で問題がシンプルでも当然即決できないときも出てくる。そんなときはどうするか？　次のステップは②「情報が十分か確認する」を実践する。説明しよう。

②情報が十分か確認する

❹を整理した結果、たとえば候補者Aは肉をたくさん食べることを推奨していて、Bは逆に食べないことを推奨しているとしよう。どちらの講師が良いか即決できない。そんなときは判断するために必要な情報が揃っていない可能性が高い。たとえば肝心のクライアントはどんな話を聞きたいと思っているのだろうか？　考えてみる。たとえば先方に「どんな話を聞きたいですか？」をはじめとした質問を入れた社内アンケートを依頼してみる。そうすると「老後も元気に動きたい」という回答がいくつか見られた。その場合、老後元気に活動するためには筋肉が重要で、肉からプロテ

インを摂取することが重要と説くAを講師に選べばいい。そうした結論を導き出すことができる。問題をシンプルにしても即決できないときは、このように判断に必要な情報が揃っていないことが多い。必要な情報は揃っているか。ウンウン悩む前に確認するようにしよう。

一方でビジネスの現場では「今ある情報で判断しなければならない」という場面もでてくる。そんなときはどうしたらいいのか。説明しよう。

③走りながら考える

結論から言うと、ひとまず「エイや」と決めてしまうことだ。私のメンターの吉越浩一郎氏の言葉を借りれば「60%ＯＫなら次の一歩を進める」となる。私は別に「後は天に任せろ」とギャンブルの提案をしているわけじゃない。正しい判断するために必要な情報が得られないなら、一歩前に進んでみて（ひとまず意思決定をしてしまって）、間違っていたら軌道修正をする。こうした仕事の進め方が正しい判断に最も速くたどり着く方法だからだ。これを私は「走りながら考える」と表現している。具体的にどういうことか。先程のケースで説明しよう。

必要な情報を入手するためにクライアントに社内アンケートを依頼した。しかし講演まで時間がなく、今さらアンケートなんて取れないと言われた。こんなとき、ひとまず今ある情報で一歩を進める。ここで私なら、ひとまず話を聞きたいと思う候補者に連絡をしてみる。たとえばAに電話をして講演の相談をしてみる。話を聞いてみると、講演日までに準備が間に合わないと言われた。あわててBに連絡してみる。そうすると、ギリギリにはなるがなんとかなりそうだと言われた。まさにギリギリセーフだ。もしどうしようかウンウンと悩んでいたら。後日Bからも間に合わないと言われていたかもしれない。

これは極端な例にはなる。しかしこのように早く動き出せば、リカバリー含め軌道修正ができる。スピードさえあれば、判断を間違えても軌道修正できる可能性が高い。それなら早く一歩進めてしまうのが合理的だ。判断に迷い時間をかけても正しい判断ができるとは限らない。判断に時間を要したあげくに判断を誤った場合、軌道修正もできないので致命傷になる。

すぐに正解を導き出せない問題にぶちあたったら、ひとまず「60％正しい」と思う意思決定をすることを心がけることだ。そうして「走りながら考える」。そうすればより早く正解にたどり着けるようになる。

問題が難しくなればなるほど、１００％正しいと思える判断なんてできなくなる。元アメリカ大統領のバラク・オバマ氏は重要な決断でさえ51％正しいと思ったら意思決定していたという。60％正しいと思えれば十分なのだ。このことを理解し、ぜひ「走りながら考える」を実践してほしい。

部下から相談を受けたときの意思決定

一人で考えるときはもちろん、部下から相談を受けた際に即断即決できるのも大切だ。かなりの時間を生み出すことができる。原理原則は一人の場合と同じだが、細かい点が少し異なる。大切なことなので先程の例を使って簡単に説明しておきたい。

①問題をシンプルにする

即決するためには問題をシンプルにする必要がある。このことは既に書いた。一方、ビジネスの現場では「自分が何を相談したいのか」よくわからずに相談してくる人も残念ながら多い（結論から話をはじめない人は大抵そうだ）。そういう人は結論から話さず状況の説明からはじめる。こうした相手の説明をずっと聞いていても、いつまでたっても意思決定をすることはできない。なぜなら、彼・彼女らが相談したい論点が一体なんなのか。いつまでたってもこちらにはわからないからだ。

こうしたときに効果的なのは、部下にシンプルに「今何が問題なの？」と聞くことだ。そうすると、相手もようやく何が問題なのかを考えはじめる。最終的には論点がハッキリする。問題がシンプルになる。

たとえば先程の例なら部下は「まず両者の講演料を調べはじめたのですが〜」と状況の説明からはじめるだろう。ここで君の出番だ。「何が問題なの？」と問いかけよう。そうすると部下から「Aは肉を食べることを推奨してるのですが、Bは逆の主張をしていてどちらにしようか迷ってるんです」と回答がある。ビンゴ！　これで君は少なくとも10分は時間を節約できたことになる。問題もシンプルになった。このとき大切なのは勇気を出してその他の要素を捨てることだ。

先程のケースで言えば❶〜❹の４つの要素があった。部下は❶〜❸は問題ないと判断し、今君に❹について相談している。このとき「ちなみに❶〜❸はどうなの？」と聞きはじめてはいけない。

君は❹を判断することに専念しようということだ。

君が言いたいことはわかる。上司として❶～❸の細部まで検討しないことはリスキーだと感じるかもしれない。しかし❶～❸の判断は部下が自分の責任において行うもの。そう考えるべきだ。もちろん、仕事で問題が起きたときの最終責任は上司にある。ここに異論はない。しかし部下も仕事を与えられている以上、自ら判断できることはきっちり検討してくる責任がある。だからこそ、部下が判断した要素は基本的には信じるべきだ。これがビジネスで言う「仕事を任せる」ことだと私は考えている。要するに部下は「自分がわからないこと」以外のことをきちんと検討してくる責任があるということだ。

逆に上司は部下が判断できないことを判断する責任がある。これがビジネスにおける上司と部下の役割分担だと私はずっと考えてきた。部下に部下自身が判断できるところを任せる。私は私自身が判断しなければいけないことに集中する。この手法が私の即断即決を支えるベースとなっている。先程のケースで❶～❸も検討しないとどうしても不安だという人は、いつまでたっても即断即決することはできない。即断即決のスピードはリスクとのトレードオフだからだ。

ここでいいニュースがある。私自身は今まで10年以上そうしてリスクをとって意思決定をしてきた。しかし部下がここで言う❶～❸の判断をミスして痛い目にあった記憶はない。もちろん、ミスが許されないような判断を求められるときは全ての要素を検討・チェックする必要はある。しかし80対20の法則からもわかる通り、そうしたケースは限りなく少ない。それ以外のケースで仮に部下がミスをしても致命傷にはならないというわけだ。

もっと部下を信頼して判断を任せよう。任せられないくらい不安ならその仕事は別の部下に任せるか、自分でやってしまうことだ。何度も言うがリスクを取らないと意思決定は早くならない。意思決定が早くならなければ安全の代わりに自分の時間を失う。どちらを選ぶかは、君次第だ。さて、次のステップの話に進もう。

②情報が十分か確認する

ここは基本的に一人のときと同じだ。問題をシンプルにしたのに即決できない際は、まずこのことを疑おう。部下と一緒にウンウン考えていても時間を浪費するだけだ。不足している情報を見極め、すぐに部下にそのことを調べて報告するように指示しよう。

③走りながら考える

これも一人のときと同じ。今すぐ決めなければいけないというときに「情報が足りない」と文句だけ言っていたら、部下から「決められない人」というレッテルを貼られてしまう。先程書いた通り60%OKなら次の一歩を進めよう。大丈夫。スピードがあれば軌道修正もできる。勇気を出して一歩踏み出すことが大切だ。

さて、即断即決の話は以上だ。最後に君に伝えたいこと。それは最初に伝えたことと同じ。「場数」をとにかく増やしていってほしい。なぜなら「即断即決をして判断ミスをしたらどうしよう」

という不安こそが即断即決の最大の障害になるからだ。場数を踏んでいけば自然と「即断即決をしていっても問題なく仕事は回っていくな」「判断ミスをしてもすぐに軌道修正すれば大丈夫だ」「むしろ、こちらのほうが正解に早くたどりつく」と体感することができる。そうすればしめたものだ。即断即決に対する抵抗はどんどんなくなっていく。気がつけば即断即決が当たり前になっていることだろう。

スキル習得の極意

さて、リスク視点での生産性向上についての解説は以上だ。本章のノウハウは、スキルとマインドの両方にわたっていたのはお気づきだろう。

世の中には仕事の悩みを解決するノウハウ本が溢れている。にもかかわらず、依然として仕事や働き方で悩んでいる人がたくさんいるのはなぜだろうか？　私が思うにそれは、問題を解決する手段はスキル・技術である。このメッセージが欠落しているからだ。

ピアノを弾けるようになりたいと思うなら毎日のようにピアノに対峙して、数か月～数年間は練習しなければならない。一方、仕事の悩みとなるとすぐに解決できる。そう考える人が多いように思う。だからなのか、たとえば本に書いてあることを実践してもすぐに効果がでないと皆早い段階であきらめてしまうのだ。多くの人が働き方を変えられない真因はこれだと私は考えている。本来仕事の悩みも実はピアノ同様、少なくとも数カ月、場合によっては数年単位で取り組むべき課題なのである。
私が本書で書いてきたこと――タスク管理、仕事を断る・減らす方法、即決の意思決定など――は、全て技術である。ノウハウを知ったからといって、簡単にはできるようにはならない。「ピアノの弾き方」という本があったとして、まったくの素人がそれを読んでもすぐにピアノを弾けるようになったりはしないのと同じだ。本書に書いていることを実践し、試行錯誤を続けることでしかノウハウを技術として身につけることはできない。そして思うように成長を実感できない低空飛行期にも継続していくためには、焦らずコツコツというマインドも必要となる。このことは肝に銘じてほしい。

ここで少し私の試行錯誤話をしよう。私は入社3年目くらいから残業ゼロを目指すようになり、その頃から仕事術関連のビジネス書を読みはじめた。タスク管理と出合ったのはその約3年後。独学で実践しはじめた。だが残業ゼロを達成したのは、さらに4年後だ。つまり私自身、自分が望む働き方を手にいれるのに9年かかった計算になる。技術とは本来、このように長い時間をかけて身につけるものなのだ。
もちろん、本書を読んだ君は9年もかからないはずだ。ひたすら独学で試行錯誤を続けた私と違い、君は本書というショートカットを手にしているからだ。とはいえ本書の内容を実践しても大きな成果を実感するまで少なくとも半年～1年はかかるだろう。これは私のセミナー受講生たちの結果からわかることだ。

■図７・３　ジグモイド成長曲線のイメージ

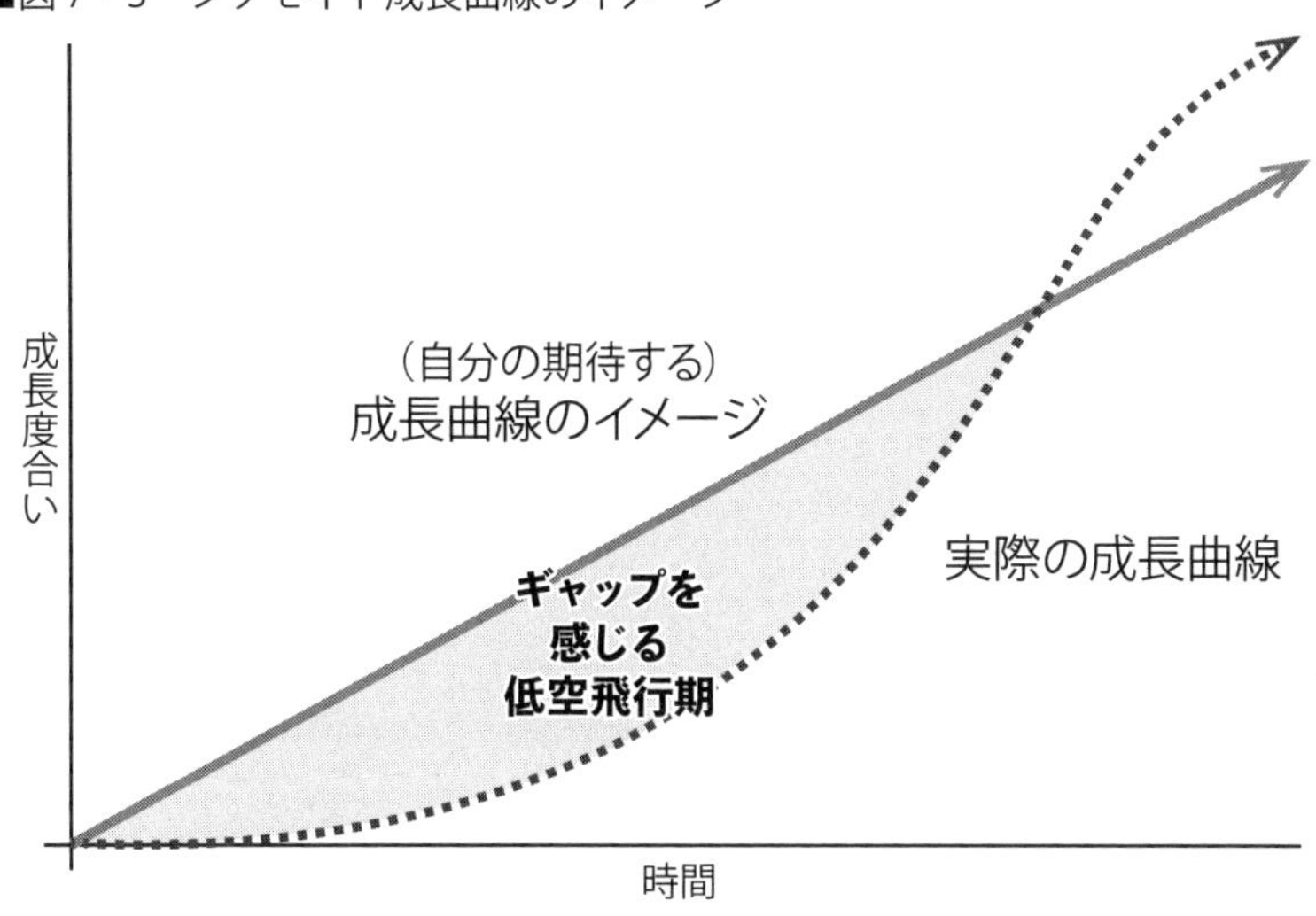

私はタスク管理を身につける1年間のプログラムを行っているが、受講者が成長を実感しはじめるのは大抵半年を過ぎたあたりだ。最初の数カ月は、皆私に言われるがままタスク管理を続けるものの成長を実感できない。私にはそれが想像できているので、何度も「とにかくあきらめずに続けてほしい」と繰り返し伝えている。そうしてあきらめずに頑張った人は、半年を過ぎたあたりから効果を実感しはじめる。最初不安げだった受講生も効果を実感したあとでは表情ががらりと変わる。

「技術」とはこのように成長を実感できない期間が一定期間あるのだ。勉強でも音楽でもスポーツでもゲームでも同じである。

私は受験勉強のときにこの成長曲線を実感した。高校3年で部活を引退し、本格的に勉強に励んだ。はじめの数カ月の成績はまさしく低空飛行そのもの。模試の合否判定は常にDかEで、このままでは志望校に受かるはずがないと感じていた。しかしあきらめずに勉強を続けたところ、受験を3カ月後に控えた11月頃、模試の結果がB判定になったのだ。結果、志望大学に合格することができた。この成長曲線はその後、勉強以外でも多くのことに見られた。

言うまでもなく低空飛行の時期はツラい。だから多くの人は挫折してしまう。ではどうすれば、この時期を乗りきることができるのか。

私が常に受講生に伝えているのは、ゆるくでもいい、とにかく続けること。毎日30分でも、それ以下でもいい。たとえば本書のメインテーマである30分仕事術——1日にひとつの仕事に30分しか時間をかけない——を実践してみる。次はクリアファイルを使ってタスクを取り組む日付で管理してみる。それができたら・・という感じで、ひとつずつできることから取り組んでいくのだ。

1日30分だけでも、長い期間・スパンで考えれば大きな成果につながる。腕立て伏せを20回やっても1日だけでは身体に変化は起きない。しかし1年、5年、10年・・・と続けていけば大きな違いが生まれる。たとえ小さな習慣でも長い時間をかければ大きな成果につながることは、君も知っているだろう。だからこそ、ゆるくでもいい。とにかく続けること。これこそが成果を出すベスト戦略だと私は考えている。

最初は成長を実感できない低空飛行期に不安になるかもしれない。だが、変化はある日突然やってくる。このことを知っていれば成果が現れていなくても希望を持ち続けることができる。過去の私はそれをわかっておらず、失望と絶望をずいぶんと味わった。君は同じ思いをする必要はない。あきらめずに、本書に書かれたノウハウをとにかく続けてほしい。抵抗飛行の時期を乗り越え成長を実感できたとき、私がここで書いたことをきっと実感できるだろう。

さて、次はいよいよ本書の集大成となる最終章だ。いってみよう。

本章のまとめ

◉成果を生まない8割の仕事にかける時間を極小化し、成果を生む2割の仕事への時間を最大化しよう（80対20の法則）。

◉仕事には「答え」がある。完成度が低い段階でフィードバックをもらえばそれを教えてもらえる。そうすると圧倒的に早く、確実に仕事が終わるようになる。

◉本章のキーワードは「勇気」だ。できるところから少しずつでかまわない。本章に書かれていることを勇気を出して実践しよう。場数を踏むことでしか技術を身につけることはできない。実践あるのみだ。

COLUMN

速読法を通して学んだ「捨てる」大切さ

昔10万円をかけて、フォトリーディングという速読法を学んだことがある。速読法と聞くと眉唾ものだと思うかもしれない。しかし私はこの講座を受けてよかったと心から思っている。当然、読書のスピードはアップした。しかしこの講座はそれ以上の気づきを私に与えてくれたのだ。それは、この速読法のベースとなっている「捨てる」ことの大切さだ。

これは私の理解になるが、フォトリーディングの本質は自分が本当に必要な情報が何なのか。そこに焦点を当てて、そこだけに集中して文章を読んでいくことだ。たとえば本書を速読するとする。その場合、まず考えるのは自分がこの本から何の情報を得たいのか。絞って具体的に考えることだ。熟読して、本から全ての情報を手に入れようとしない。ここが大きなポイントとなる。

たとえば本書が提案するタスク管理法がどんな考え方で、どんなタスク管理ツールを使っているのかを知りたい。これを目的と据えたとする。その場合、第2章と3章をじっくり読めば足りる。第1章はもちろん、そのほかの章はパラパラと目を通し気になるところがあればそこだけをじっくり読む。フォトリーディングの場合、こうした読み方をするのだ。

私にフォトリーディングを教えてくれた講師も、フォトリーディングが早く読めるのは重

要な情報以外を捨てるからだと教えてくれた。重要なことだけに集中し、それ以外を思いきって捨てる。だからこそ速度が上がるというわけだ。

君は気づいたかもしれないが、これは80対20の法則に通じるものだ。法則に則れば、本においても重要な情報は2割にすぎない。自分にとって必要な大切な2割がどこなのか。このことに意識を絞って読めば、本の2割を読むだけで8割理解することができるというわけだ。

本に限らず、仕事で書類を見るときもこの考え方は充分に使える。私は日々これを実践していて、そのおかげでほかの人よりずっと早い速度で書類を読むことができている。書類だけではない。仕事のスピードは、情報を捨てることで早めることができるのだ。80対20の法則と合わせ、「捨てることの大切さ」を心に留めておいてほしい。

語られない
真実と本音

いよいよ最後の章だ。あらためて、本書をここまで読み進めてくれてありがとう。締めとなるこの章では、人生を生き抜いていくうえで知っておくと役立つ真理だと思うことをいくつか紹介しようと思う。

私は物心ついたときからずっと、どうすれば幸せに生きられるのか考えてきた。長い間答えは見つからなかったが、40歳になりようやく満足できる答えが見つかりつつある。いずれも私が体験を通して学んだもので、10年前の自分が知っていたらどれだけ人生が楽になっていただろうと感じるものだ。きっと、君の役にも立つ。

私の話を参考にして、ぜひ君自身の答えを見つけてほしい。

成功を追い求めても幸せにはなれない

多くの人は、自分が求める理想像になれたら幸せになれる。そう信じている。お金持ちになったら、キャリアで成功したら、有名になったら、一軒家を建てたらなど。理想の状態が実現すれば、自分の人生に心から満足して毎日楽しく生きていけると。もちろん、ご多分に漏れず私もその1人だった。

しかし本当にそうなのだろうか？　というのが、ここで君と一緒に考えたいことだ。

『インデペンデンス・デイ』など数々のヒット映画に主演するウィル・スミスは自伝『WILL』の中で「金持ちになって有名になれば、人生の問題は全て解決するという幻想を抱いていた」と語っている。彼は実際に世界的な俳優となり、自身が思い描いていた以上の成功を手にしている。それで彼は満たされたのだろうか？　彼はむしろ不幸で惨めな思いをしたという。出演した映画が史上空前の大ヒットになっても「なぜもっと売れなかったのだろう」と考えてしまう。手にした成功を失うのが怖くて、常に不安だったと語っている。実際、俳優として必死だった時期に妻や家族は離れていった。

ウィル・スミスが語るように成功すればするほど「もっと成功したい」「もっとお金がほしい」と欲が出てくる。それだけじゃない。成功してお金も手に入れて人生安泰と思いきや、むしろそれらを失う恐怖・不安に苛まれることになる。これは成功した人たちの自伝などで赤裸々に語られた本音を知るとよくわかるはずだ。

ただお金や成功を追い求めても幸せになれないのだ。それでも私たちは「お金がもっとあったら・・」とか「もっと成功したら・・」と思わずにはいられない。そこには２つの理由があるのではないだろうか。ひとつは、世の中に溢れているメッセージがそう謳っているから。もうひとつは、そう信じないと絶望してしまうからだ。

世の中に溢れているメッセージとはどういうことか。テレビでは成功者の何億円という豪邸や芸能人の驚きのコレクションが紹介され、ＹｏｕＴｕｂｅでは登録者数何百万人を誇るユーチューバーが桁外れの企画動画を配信し、インスタには綺麗な写真とともにインフルエンサーが自由を謳歌している。それらを見るにつけ「ここまでいけば、悩みなんてないんだろうな」と思ってしまう。別にコレクション蒐集も動画配信も興味がなくてもだ。

成功やお金を手にしたら幸せになれると思いこんでしまうのは、こうした情報が日々あふれているからだ。だが、目に見えていることが真実とは限らない。私達が目にする姿は輝いている一面だけが切り取られたものだ。自分の苦しい姿や情けない姿をわざわざ公開する人は少ない。どんなに成功してもお金持ちになっても、みんなそれぞれ悩みや葛藤を抱えているのだ。

こうした話は頭ではわかっても、なかなか腹落ちさせることは難しい。それは単純に、成功者としての苦悩や葛藤を想像するのが難しいからだろう。私自身も本当に理解できたのは多くの成功者から直接話を聞いたり、自伝を読みまくってからだ。

成功したら幸せになれると信じてしまうもうひとつの理由。それは単純に信じたくないから。理想の自分になれれば、より自由に充実した人生を送れる。そんな希望をもって日々がんばっているのに成功しても幸せになれないなんて……。そんなの絶望でしかない。

理屈はわかるが、今目指している目標やゴールを達成すれば得られるものがあるのも事実。なぜそれで幸せになれないのか？　君はそう思うかもしれない。たしかに得られるものはある。しかしそれにより得られる幸福は一時的なものにすぎない。なぜなら目標がシフトし続けるからだ。

終わりがないゲーム

私は２０２２年11月からＹａｈｏｏ！ニュースに寄稿している。現在日本で最大級と言えるポータルサイトに専門家として自分の記事が載るなんて、本当にうれしかった。ただ慣れとは恐ろしいもので２つ３つと記事を書いていくと新鮮さや最初の喜びは減っていき、10記事にもなると当たり前になっていった。

「ぜいたくな奴だ」と思っただろうか。たしかに、はたから見たらそうだろう。だが私だって最初は単純に記事が載ることを目指していた。しかしそれをクリアすると次はたくさんの人に読まれることが目標になった。そうして目標がシフト・変化していったのだ。

そもそも記事が掲載されることを目標にしていたのだから、成功して幸せになったと言えるのではないか。そう。たしかに1本目の掲載時にはそうだったのだろう。だが、今は？

成功したりお金持ちになっても、必ずしも幸せになれない理由はここにある。目標がシフトし続けるのだ。「もっとうまくなりたい・・」「もっと早く走りたい・・」と上を目指すのはとても良いことだと思う。そう思うことが成長や上達の糧になるのは間違いない。それでも学生時代の部活や勉強などであれば、大会やテストなど残酷なまでの明確な時間的な締め切りがある。

では、大人になったらどうか。就職活動で希望の会社への採用を目標にし、入社したあとは同期よりもさきがけて課長になることを目標にする。課長になったあとは部長を目指すようになる。次は役員と、目標がシフトし続ける。収入面でも同じだ。当初は年収が１０００万円になれば生活はラクになると思っていてもそのラインを達成すれば次は１５００万、２０００万と理想はシフトし続ける。そこには強制終了となる区切りはない。

ここまで読んできた君ならわかるはずだ。これは終わりがないゲームで、目標の高さは関係ない。ウィル・スミスが世界一になっても満たされなかったのと同じで「求めているものを手にできたとしても、幸せになるとは限らない」のである。

では私達はどうしたらいいのか？

実は、幸せへの鍵は私達の内側にあるのだ。私は予期せぬ形でこのことに気付かされることになった。

私が体験した深刻なバーンアウト

残業ゼロの働き方を達成して2年が過ぎた頃。私は深刻なバーンアウト（燃え尽き症候群）となった。出版した電子書籍はアマゾンの2部門で1位を獲得。セミナー講師としての活動も順調。しかし私の内面は全く満たされていなかったのだ。

私は常に「もっと成し遂げなければ」という焦燥感に駆られていた。一方で毎朝起きると何もやる気が起きない日々が続いた。成功を意識しつつも何事にも情熱を感じなくなり「自分のやりたいことってなんだろう」などと感じる始末。

残業ゼロを達成し、自由に働けるようになり、時間もたくさんできた。セミナー講師をはじめ、自分がやりたい目標も実現して収入も大きく増えた。以前の私が「こうなれば幸せになれる」と思い描いていた夢のような生活を手に入れたのに。そんな私を待っていたのは満たされない毎日だったのだ。

「時間がたくさんある」が「満たされていない」。これまでさまざまな目標達成を目指してがんばってきた私にとっては、とんでもない生き地獄だった。時間だけはたっぷりあるため、自分の心の内とイヤでも向き合わなければならなくなる。毎日幸せに生きるためにはどうすればよいのか。答えを見つけるためにもがき続けた。

満たされていないのは、楽しいと思えることが少ないのかもしれない。当時の私は、自分が幸せを感じる時間を単純に増やしていけばいいと考えた。友人・知人と高級レストランで食事をしたり、刺激的なセミナーやイベントに積極的に参加したり。マッサージにも頻繁に通った。たしかにその一瞬は満たされた。だが高級レストランもたまに行くから幸福感を感じるのであって、慣れてしまえば幸せを感じにくくなる。そのほかのことも同じ。支出が増える一方、あいかわらず私は満たされない毎日を過ごしていた。

迷走していた私が変わる大きな転機となったのは、第6章で紹介したアラン・コーエンのコーチングを受けたことだ。２０１９年の4月だった。各業界のトップの人達にもコーチングをするアラン曰く、財界人であろうと人間関係や依存症などさまざまな悩みを抱えているそうだ。

「人間はみんな同じなんだよ。自分の内面が満たされない限り、いくら外の世界に幸せを求めても一生満たされることはないんだ」。このときから私の内面への探求がはじまった。あれから4年近くが経った今、私はようやく、本当にようやく、自分の人生に満足しつつある。

ここで私が苦労して見つけた現時点での答えを君にシェアしたいと思う。長い話になると思うが、よかったらこのまま読み進めてほしい。

「今日1日」に目を向ける

今私は40歳にして、これまでで一番幸せな時を過ごすことができている。しかしこれは、キャリアがうまくいっているという現実からではない。私が今幸せなのは「十分」という感覚を知ることができ、良い1日を過ごすことだけに意識を向けられるようになったからだ。

「今日1日を、どうやって充実させられるか」。これを毎日考え続けていくことが、人生の豊かさを決めるということに気づいたのだ。

私達の人生は常に「今日」、いや「今」しかない。10年後のことを思い悩んだとしても、そのときにどうなってるかなんて誰にもわからない。病気や事故だけでなく、天災や世界的感染症の流行など未知要素であふれている。どこまで深く考えたとしても、自分が思うように人生が展開していくことなんてありえない。だとしたら、未来を案じて思い悩む意味などないだろう。

誤解してほしくないのだが、これは将来に備える必要などない、と言っているのではない。必要以上に不確定要素におびえ、不安に苛まれることはないと言っているだけだ。

今の自分にできることは何なのか。この1日をどう生きるか――これだけを一生懸命考えて実行していけばいい。そう自分に言えるようになった。

ではどうやったら今日1日を充足感を持った幸せな日として過ごせるのか。

あるとき私は「なんか今日はモヤモヤするな」とか「気分が晴れないな」というときは睡眠、食事、運動のいずれかが不足していることに気づいた。空腹や睡眠不足でイライラすることは想像つくだろうが、同様に運動が足りないとき、外をひとっ走りしてシャワーを浴びれば気分がよくなる。

睡眠、食事、運動を保てれば大抵はいい1日になる。そこでこの3要素を満たすように、毎日を設計・デザインすることにした。私は睡眠を大切にしているので８時間は寝て、十分な食事をとって、できるかぎり毎日運動をする。するとそれだけで気分のよい１日を過ごせるようになった。

さらに充足感を得るために、自分に１日の目標を課した。充足感の鍵は「今日もやることをやったぞ」と胸を張れる１日にすることだ。

１日の目標はあえて低く

私は次のことを１日の目標に設定している。

・腕立て、腹筋各21回（最近20回から１回増やした）
・ランニングあるいはウォーキング（１時間程度）
・原稿を書く（１〜２時間程度）

「たったそれだけ？」と君は思ったかもしれない。その感想は正しい。私はあえて、やらなければいけないことを少なくしている。私だってこんな本を書いているくらいだ。やろうと思えばほかにもたくさんのことができる。もう少しハードな運動でもいいし、ブログやＳＮＳで情報発信…といったように。しかしそうしない理由が当然ある。

そもそも１日の目標を掲げているのはなぜか。それは胸を張れる１日にするため。だから、そう思える基準を無理のない範囲にしているのだ。やることを増やせば達成できない日もでてくる。たとえば5つの目標を設定して、4つしかできなかったとする。すると「今日は全部クリアすることができなかった」と不完全燃焼な気分を味わうことになる。一方、目標を今のように低めに設定すれば、よほどのことがない限り達成できる。そうすれば満足して1日を終えることができるのだ。余裕がある日や気が向いたときには数を増やせばいい。追加でブログをひとつでも書けたら「今日はブログの更新までできたぞ」とさらに満足することができる。

ここで君に気づいてほしいのは、たとえ同じことをやっても「自分の中の期待値（目標）によって、人生の満足度は違ってくる」ということだ。たとえば同じ15分のランニングでも、毎日15分と決めて実行できたのと1時間を目標にした結果の15分では自分の中での達成感はまったく異なる。15分走ったという事実は変わらないのに、だ。

このように人生の満足度を高めるという観点で見れば、目標や達成基準は低いほうが実は望ましいのだ。たしかに目標が高いほうがやりがいがあるだろうし、クリアしたときの達成感は大きいかもしれない。しかしここでの目的は充実した1日にすることだ。高い達成基準に毎日挫折感や不完全燃焼の気持ちを味わっていたら意味がない。

1日の達成基準は低くすること。そのうえでプラスアルファでさらにほかのことが達成できたなら、その日は最高の1日になる。そんなイメージで毎日を生きていけると、人生の充足度はアップしていく。

成功しても消えないネガティブ思考

理想の生活を手に入れ、生活リズムも整えることで日々の充足感も安定した。だがそんな今の私でも、時には「将来お金がなくなったらどうしよう」とか「自分はなんてダメ人間なんだ」という思考がよぎったりすることがある。しかしこれは当然のことなのだ。なぜなら基本的に人間は不安を感じたり、ネガティヴな思考に陥りやすい。これはどんなに成功した人でも感じるものだ。

以前私はセミナーで話をしているときに不意に「自分みたいな大したことのない人間が、偉そうに話をしていいのだろうか」という不安が襲ってきたときがあった。これは「インポスター症候群」と呼ばれるもので、他者の評価に関係なく自分を過小評価したり、ネガティブな方向に考えてしまうことをいう。こうした感情に駆り立てられるからこそ人間はここまで進化してきた、そんな一説もあるくらいだ。昔の私はこうした感情にさんざん悩むハメになった。だがそれが誰にでも生じる感情だと理解できたとき、気持ちがどれだけラクになったことか。

今後、いや今現在でも君がこうした感情を抱いていたとしても、それは君がおかしいわけではない。私が断言する。人間はそういうもので、それは自然な感情なのだ。だから不安が襲ってきたときは「不安に思うのは自然なことだ」と自分に言い聞かせよう。それだけでだいぶラクになる。

それを踏まえたうえで、君には練習してほしいことがある。それは、不安をはじめとしたネガティヴな思考に対峙することだ。その対処法についても私がここ数年で学んだ方法を伝えていくが、まずはネガティヴな思考には大きく2つの傾向がある。このことを知っておいてほしい。ひとつは「将来お金がなくなったらどうしよう」などの未来に対する不安。もうひとつは「自分はなんてダメなんだ」といった自責の感情だ。

未来への不安を払拭する方法

最初にやるべきはアランが教えてくれた通り「What will love say?」と自分に問いかけることだ。世界が愛に溢れていたら。不安がなかったらどう感じるだろう、と。不安がない状態なのだから「まぁ、なんとかなるだろう」と気持ちが落ち着いてくるはずだ。すぐにはそう思えなくても、落ち着くまで繰り返し自分に「大丈夫。なんとかなるよ」と言い続けよう。

大抵の場合はこれで気持ちは落ち着いてくる。もちろん、それでも落ち着かないときはある。そんなときに有効なのが、思考を書き出すことだ。紙に手書きしてもいいし、パソコンに打ち込んでもいい。なぜアウトプットするのがよいのか。それは、そうすることで頭の中の情報を忘れることができるからだ。タスクをタスク管理ツールに書き出すと頭がスッキリするように。不安に感じていることや気になっていることを書き出すとそのことを一旦忘れることができる。

たとえば私は毎朝5分ほど時間をとって、日記のようなことを書いている。その中に「今不安に感じてることは?」と問う質問を用意している。大抵は何か思いつくのでバーっと感じていることを感じるままに書き出すようにしている。このときのポイントは、感情をそのままおもいっきり書き出すことだ。これは誰に見せるものでもない。ブログに出すわけでも、ＳＮＳに投稿するものでもない。自分の負の感情を自分の中から吐き出すためのものだ。だから誰かに怒りを感じているなら「あのクソやろう！」などと汚い言葉でもＯＫ。とにかく感じるまま一気に書き出す。そうすると気持ちもスッキリし、不安の感情もだいぶ和らいでいく。

そうして気持ちが落ち着いたら、次は探求の時間だ。私の場合、次の２つを自分に問うようにしている。

(1)（そのことが起きたとして）起きうる最悪のことはなんだろう？

(2)今、自分にできることはなんだろう？

たとえば将来の経済状態に不安を感じたとする。先の吐き出しで「このまま勤め続けても給料が上がる見込みがないのに、子供達の養育費はこれからどんどん上がっていく。それ以前にリストラされるかもしれない。自分はこれから無事にやっていけるのか？」と不安が出た。

そこで(1)の回答を考える。「自分が自由に使えるお金はグッと減るだろう。それと家族旅行どころか外食も思うようにできなくなるかもしれないな。リストラになったら、もっと家賃が低いところに引っ越さなければいけなくなるかもしれない。いや、一家離散なんてことに……」

こうして起きうる最悪の事態を実際に書き出してみると、なんとなく頭の中でグルグル考えてたほどの事態はそうそう起こらない。そう思えてくる。このことがわかると「もし仮に事態が悪化しても、家族がいれば自分はなんとかふんばれそうだ」と自分の中で腹を括ることができ、安心することができる。そして最も良いニュースは、大抵のことは最悪の事態にまでは発展しないということだ。

覚悟ができたら(2)の回答を考える。「今のうちに資格をとろう。副業はＮＧだから、フリーになったときのためにコネクションを作っておくとよいかもな。妻の負担を減らすために家事を覚えておこう。散財の見直しも必要か。転職はどうか……」など、現実的な要素で今できることを考えはじめる。

もしそれらをすでに実践していたり、現状ではどうにも動けない場合はどうするか。その場合はここでの答えは「何もない」だ。そして、きれいさっぱりそのことについて忘れること。なぜなら現実的に考えたうえで今の状況ではできることは何もないと結論が出たのだから、これ以上考えても意味がない。

念のため、これらを自問するメリットについて説明しておこう。

不安を感じているとき大抵の人は漫然と「このままじゃ大変なことになる！」と頭をただ悩ませている。そうやって「大変なこと」の正体に目を向けることなくひたすら悩んでいたら、漠然とした不安だけがどんどん大きくなっていく。

自分が何に不安を感じているのか。その大変なことの正体を突きとめることさえできれば「最悪の事態」に対する覚悟も決まる。そして最悪な事態まで発展する可能性が低いことがわかれば、次第に安息の時は訪れるというわけだ。

もうひとつのメリットは、今できることに意識を向けることができる点だ。漠然とした不安にではなく、やるべき具体的なことに集中できる。そうすればむしろ前向きな気持ちになれるはずだ。私達にできることは、今の行動を変えることだけ。未来は、今日の積み重ねの先にある。

自責の感情への対処法

以前の私は何かある度に自分を責める癖があった。

「今日も全然あの仕事を進められなかった。どうしてやると決めたことができないんだろう…」
「会議であんな発言はしなければよかった。どうして空気が読めないいんだ…」
「今日書いたブログ記事が全然読まれてない。どうしてもっと読まれる記事が書けないいんだ…」

どんな人でも多少なりともこうした感情は抱く。人間とはそういうものなのだ。大切なのは、こうした自分の中の声をかき消すことではない。こうした声にどう対処するかだ。

そもそも「自責」とは、自分の過ちを責めることだ。明確なミスや失敗であれば関係者に謝罪して、繰り返さないように注意・改善すればよい。だが先のように、タスク進行やブログ記事などは誰に迷惑をかけたというのか。それでもそういった考えが頭に浮かんでしまう。そんなときは親友に声をかけるように自分で自分に接してあげればいい。

たとえば親友が先のような悩みを打ち明けてくれたら、君はどう返すだろうか。きっと「そんなに自分に厳しくしなくていいじゃない」とか「まだ書きはじめたばかりだろ。これからだよ」と返すのではないだろうか。

自分にも同じように励ましたり、あたたかい言葉をかければいいのだ。自分にダメ出しをしてしまうのはしかたない。だからといって、そのままにしておくことはない。自分を責める声が聞こえたら、親友として言葉を返そう。これを続けていくと、今の私のように自責の声は次第に聞こえなくなってくる。とは言っても私も4年近くかけてやっと、といったところだ。これも練習あるのみ。お互いがんばろう。

無駄を楽しむ

君には私が常に、時間管理や自己実現のことばかり考えているように見えるかもしれない。もちろんそんなことはない。私は先に挙げた最低限のことさえやってしまえば、あとは「好きに時間を使っていい」と自分に許可をしている。ここまで読んでくれた君にはお見通しだろうが、私の人生に読書は欠かせない。本は自分探索の相棒でもある。だが、私がここ数年最も楽しんだ時間の中でドラゴンクエストⅪもまた上位にランクインする。意外だろうか。

心の渇きと時間泥棒

確かに私は社会人になってから、無駄な時間を極力排除するようにしてきた。その代表が学生時代に好きだったゲームをやめたことだ。というより、一気に興が醒める感覚を覚えた。おそらくだが「もう社会人になったのだから、こんな無駄なことに時間を費やしてる場合じゃない」と突然悟ったのだろう。それ以来、一切ゲーム機に触らなくなった。２００５年の春だった。

そんな状況だったが子供達がゲームをはじめる年頃になり、一緒にプレイしたことをきっかけに数年前に再開することになった。ゲームのいいところは楽しめることはもちろん、夢中になって没頭できることにある。

時間はたくさんある一方、バーンアウトに苦しみ、思うように活動できなかった私を救ってくれたのはアランのコーチングだった。しかし影の立役者はゲームだったことは間違いない。夢中になっている間はネガティヴな思考に苛まれずにすみ、子供達とも楽しい時間を過ごすことができたからだ。

ドラゴンクエストⅪにハマるきっかけをくれたのは、定期的に会う親友達だった。ある日の会でドラゴンクエストⅪの話題になり、クリアするのになんと１００時間近くかかるという。当時ゲームをすでに再開していた私だが、１００時間もゲームに費やすことには抵抗があった。そう率直に伝えると「何を言ってるんだ。１作で１００時間も遊べるんだぞ」と真剣な顔で語られたのだ。なぜかこの一言が決め手となり、そこから私は１００時間プレイすることになるわけだが、まさに至福の時間だった！　次回作を買うことも間違いない。

多くの自己啓発本にはゲームやマンガ、インターネットなどに意味なく時間を費やすのでなく「やりたいこと」をやろう。そんなメッセージが溢れている。素直な私はこれを実践してきた。たとえば私にとって執筆や講演などは間違いなく「やりたいこと」に入る。もちろん取り組んでいるときは、至福の時間だ。しかしそればかりしていると、さすがに疲れて心も渇いていってしまう。私が経験から学んだこと。それは至福の時間は多岐にわたり、バランスよくそれらに時間を使うことが大切だということ。少なくとも私にとってゲームは、渇いた心を満たしてくれる存在で必要な時間なのだ。

友人の一人に忙しい税理士がいる。彼は仕事の合間に気づくとSNSを見続けてしまうことがあるという。もちろん1日中ずーっと見ているわけではないし、仕事もしっかりこなしている。私から言わせれば、彼の身体は本能的に休息、リラックスを求めているのだろう。だから身体がそれに従っている。ただそれだけの話なのだ。

無駄な時間を排除して忙しく生活していると、そのうちに身体と心が悲鳴をあげて結果的に望まないことに時間を費やすことになりかねない。人間には仕事や辛い現実を忘れさせてくれる「非日常」の時間が必要なのだ。だからこそ、ディズニーの世界があれだけ人気があるのではないだろうか。人によってはそれが旅だったり、推し活だったり、ネットフリックスを見ることだったりする。製造の世界において「遊び」という余裕部分を意図的に設けることがあるように、人間にも同じく心に余裕が必要だ。忙しいとは心を亡くすと書くのだから。

意識的に「無駄だけど至福なこと」に時間を使おう。ゲームばかりしていたら自分がダメ人間になるように思えるかもしれない。しかし意外かもしれないが、無駄なことばかりしていると今度は逆に生産的なことをしたくなるものだ。無駄を排除し続けていると無駄を求めるようになるわけだが、逆もしかり。私達の身体は本能的にバランスを保つようにできている。私だって自由時間全てをゲームに費やしたりはしない。読書をしたり、Ｙｏｕｔｕｂｅで海外の作家の話を聞いたり、家族と話をしたり。そんな感じで自分の中でバランスよく毎日を過ごすことができている。もちろん、これは試行錯誤の末たどり着いた境地だ。バランスは必ず見つかる。君も自分にとっての最適なバランスをぜひ探り当ててほしい。

欲との付き合い方が人生の質を決める

１日の満足度を高めるために最低限やることの目標を低く設定し、それをクリアしたらあとの時間は自由に使ってよい。ゲームだってＳＮＳだってやり放題。というとなんだか自由時間を増やすために自分への課題を少なくしているように思えるかもしれない。

確かに以前の私は経済的に余裕ができれば自分の好きなことに好きなだけ時間を使えるようになる。そう信じていた。早くから残業ゼロを目指したのも、時間の自由を手に入れたかったからだ。自由な時間が増えれば家族との時間はもちろん、自分が好きなことに好きなだけ使えるようになる。そう、昔の私にとって自由とは自分の気持ち・欲望のままに行動できることを意味していた。

しかしさまざまな手痛い失敗を繰り返していくうちに、私は欲望を適切にコントロールすることこそが良い人生を形作る。このことに気がついた。もちろん、欲は上手に付き合えば人を動かす原動力になる。自由を求めて働き方を見直した私を動かしたのも欲だ。だが一方で、欲望はコントロールを失えば破滅をもたらす厄介なものなのだ。

小金を手にした人がさらに金を手に入れるために人をだましたり、有名人が欲におぼれてニュース沙汰になり表舞台から消えたり。成功すればするほど誘惑も増えていく、しかも悪への誘惑ほど魅力的に映る。ここで欲をコントロールできなければ人生を破綻させることになる。想像がつくだろう。

自分にはそんな大層な誘惑はやってこない。そう思うだろうか。だが三大欲求のひとつといわれる「食欲」ならばどうだろうか。学生時代の勢いのままガツガツ食べてしまえば摂取カロリーが消費カロリーを簡単に上回り、健康に悪いだけでなく脳の働きが鈍くなり仕事の生産性も下がる。カレーやから揚げは確かに美味い。だが、そういった食事を欲求のまま食べてしまわないようにするのも欲のコントロールなのだ。

これは食事に限った話ではない。たとえばお酒もだ。欲望のまま飲んでしまえば二日酔いで仕事に集中できないだけでなく、気をつけなければ破滅の道を歩むことになる。気の置けない仲間との酒宴が楽しいのはわかる。しかしこれもコントロール必須だ。

先にもいったが、要はバランスだ。至福の時間をもたらしてくれるゲームやSNS、蒐集コレクションなどの趣味だってどれもハマりすぎはよくない。楽しみたいという欲を追いすぎれば、その先には依存症という自分だけでなく周囲も巻き込む暗闇に陥ることになる。

「欲との付き合い方が人生の質を決める」。これが私がここ数年で得た気づきの中で実は最も大きかったことかもしれない。

依存症は誰にでも起こりうる

自分はネットも酒もほどほどにしている。依存症などとは無縁だ。そう思っているかもしれない。しかし依存症の世界的な権威であり、数々のベストセラーで知られる医師のガボール・マテ氏は次の３つを依存症の特徴として掲げている。

⑴（特定の行為に対して）短期的に得られる解放感（気持ちを落ち着かせてくれる）、快楽からくる衝動がある

⑵（その行為を続けることで）長い期間で見ると自分自身または他人に苦しみをもたらす

⑶その行為をやめられない

これを質問形式にする。

「ある行為をすると気持ちが落ち着いたり快楽が得られるが、長期的に見ると人生に悪影響がある。それにもかかわらず、やめられない習慣はありますか?」

ガボール医師が講演でこれを問うと、会場内のほぼ全員が手を挙げるという。彼によれば、挙げない人は真実を語っていないそうだ。君の回答はどうだろう。

タバコ、酒、ギャンブル、ゲーム、テレビ、ＳＮＳ、ネット、飲食、セックス、衝動買いなど。薬物などの違法行為だけでなく、良好な人間関係を築けないならば「人への依存」、長時間労働が当たり前になっているなら「仕事への依存」の可能性がある。

このように重度か軽度は別として、誰にでも何かしらに依存している可能性がある。

私も過去に特定の行為に依存していた時期がある。人に話をすると「そんなのは大したことじゃない」と言われる。しかし今の私にとっては恥ずべき習慣だった。依存していた時期はそのことばかり考えてしまい、ビジネスがおろそかになった。当時の私にはその状態が当たり前で、ほかのことをおろそかにしている自覚がなかった。

何かに依存すると、自分では気がつかないうちにさまざまなことに悪影響が出てくる。仕事に集中できなくなったり、生活や人間関係に影響が生じたり。大抵の人は状況が深刻化したときにはじめて気がつく。

私は欲や依存している行為をコントロールすることができるようになってから、人生が劇的に良くなった。以前と比べて執筆や自分のビジネスに集中できるようになり、毎日が楽しくなり、ビジネスも順調に成長していった。

依存症について参考文献も読んだし勉強もした。その原因や背景も少しは知ることができた。だが、やはり専門的な治療が必要なもの。ここでどうこう言うことは控えたいと思う。ただもし君や周囲の人が依存症に苦しんでいるのなら、カウンセリングやセラピーなど専門家の力を借りるべきだと思う。私自身も専門家によるカウンセリングを何度か受けた。日本ではあまり知られていないので恥ずかしく感じるかもしれない。しかし問題が深刻になる前に専門家に相談することをおすすめする。

ただ、これだけは伝えておきたい。依存症は誰にでも起こりうる。どんなに成功して大金を手にした人であっても、だ。だからこそ、そこにつながりやすい「欲」とうまく付き合うことを心がけ

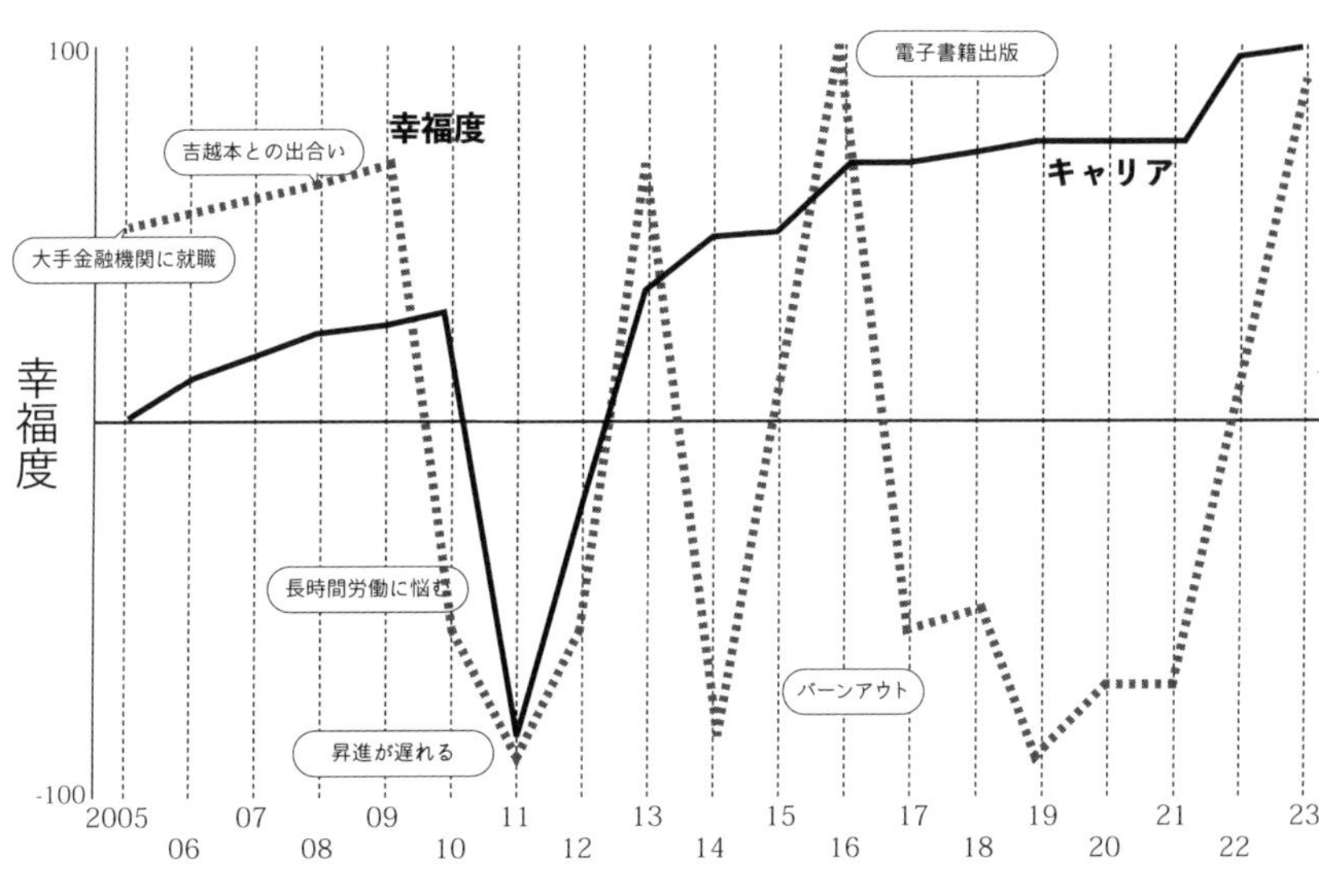

てほしい。そう心から願っている。

幸せな人生とは

前書を読んでくれた方は想像つくかもしれないが私は本書に書いてきた以上に多くの挫折や勘違い、空回りを繰り返してきた。それは私自身の人生はもちろん、所属する組織をより良くしたいという思いからくるものだった。しかし当初はあまり芳しい結果を生まなかった。今ではわかるが思い込みの強さが招いたことだったのだろう。

今回、過去を振り返りライフチャートを作ってみた。２００５年の就職から現在まで、私自身が感じていた幸福度は本当に波乱万丈だ。だからこそ私の気づきは君の参考になるのではないか。そう思っている。

感謝のレンズを磨く「5分日記」

幸せな人は、例外なく今の自分の置かれている境遇に感謝している。少なくとも私が知る人たちはそうだ。「金銭的に余裕があって、キャリアも順調だからだろ」。閉塞感が募り不安ばかりの毎日では、感謝する前にそう思っても仕方ない。感謝とは、自然とわきあがるものだからだ。

私は毎日つけている5分日記で「昨日の中で感謝できる、ちょっとした3つのことは？」という問いを用意して、意識して感謝できる事柄に目を向けるようにしている。

たとえば最近書いたものには次のことがある。どれも単純だろう。

・子供達と1日過ごせること
・セミナーに人がきてくれること
・有益な動画が無料で見れること
・妻がご飯を作ってくれたこと

幸せな日常も慣れてしまうと当たり前になってしまう。だが、家族と笑って暮らせること。自分の思いを人に伝えられること。自分の見聞を広められる動画を簡単に見られること。文章にすると単純だが、どれもありがたいものだ。

この日記を続けることで、以前は当たり前だと感じていたこれらのことに心から感謝できるようになった。感謝できることに日々意識的に目を向けていると、感謝する感覚が磨かれていく。そうすると今の自分が置かれている環境がいかに幸せか、実感できるようになる。すると明日も良い１日にしたいと前向きになり、結果的に日々幸せに生きられるようになるのだ。

毎日１分でもかまわない。当たり前と思わずに、感謝できるちょっとしたことを書き出してみよう。それだけで心が明るくなり、人生が変わるはずだ。

現実と戦わない

現実と戦わない。これも幸せに生きるために身につけたい重要な考え方のひとつだ。なぜなら人間が感じる「問題」は、現実と戦うことから生まれているからだ。

２０１６年に電子書籍を出版したときも、その後は人生がどんどん好転していく。そう考えていた。しかし現実は思うように進まず、当時は強い失望感を味わっていた。このこともここまで書いた通りだ。もちろんメンターであるアランに相談した。

アラン「なぜ今の体験をしていると思う？」

私「この体験を克服し、同じ苦しみを味わうことになる人達を助けられるようになるため」

アラン「その通りだね。学校にでも通っていると思えばいいんだよ」

絶望していた私を、このように諭してくれたのだ。このつらい体験にも意味と目的がある。そう視点を変えることでずいぶんと気持ちがラクになったことを覚えている。そして問題を克服した今、まさにあの経験は自分の血と肉になっていることを実感している。あの頃の経験がまさに、この章の内容につながっているからだ。

人生では「なんでこんなことが起きるのだろう」と思うようなことがたくさんある。昇進が遅れたり、病気になったり、離婚という結末に至ったり。そんなときには「なぜ自分にこんなことが起こるんだ」とつい考えてしまう。しかし起きてしまった現実を悲観してもストレスが溜まっていくだけだ。

それよりも「この問題にはどんな意味があるだろう」と問いかけ、今起きている現実に意味・目的を見出してみよう。スティーブ・ジョブズも自分が創業したアップルを追放された経験を、人生でもっとも良い出来事だったと語っている。その経験が後の大成功につながったからだ。

大きな病や離婚を経験したことが人生の最良の出来事だったと考える人も多い。私自身も同期より昇進が遅れたときは大きな挫折を味わった。しかし今思えばこれは人生で最良の出来事だった。おかげで今の私があるからだ。挫折していなければ私は会社でのキャリアを一生懸命追い続け、自分のビジネスをはじめようなどとは考えなかったはずだ。もちろん、この本も生まれなかっただろう。

起きる現実をコントロールすることはできない。これは人生で起こりえる大きな問題に限らない。日常の小さな出来事でも同じだ。上司や同僚に不快なことをされたらイヤな気持ちになる。しかし彼らの行動をコントロールすることはできない。

幸せに生きる秘訣は現実を受け入れ、そのことに意味と目的を見出すことだ。

人生で問題を感じたら、現実に抵抗するのではなくコントロールできることに目を向ける。これは、目の前の現実の捉え方を変えるということだ。現実を変えることはできない。変えられるのは現実に対する自分の捉え方だけだからだ。

壁にぶつかったときは「この出来事にはどんな意味があるのだろう」と考えるようにしよう。それだけで苦しみはだいぶ緩和されるはずだ。私もアランに相談したあと完全に苦しみが消えたわけではなかったが、だいぶラクになったのを覚えている。そしてこの思考の練習を続けたおかげで、今では問題を感じてもずいぶんとうまく対処できるようになった。

現実と戦わないこと。肝に銘じてほしい。

人とかかわる

40年程生きてきて思うのは「人の喜びの本質は、人とのかかわりにある」ということだ。仕事ももちろん楽しいが（厳密に言えばこれも人とのかかわりだが）、私は家族や友人と一緒に過ごす時間が幸せに思えてならない。家族と過ごしている時間は心から幸せだし、過ごした思い出は一生の宝だ。死ぬ前に思い出すのも家族との思い出が一番だろう。

死ぬ間際にもっと仕事をすればよかった。そう後悔する人はほとんどいないと以前書籍で読んだことがある。大抵の人はもっと家族や友人と過ごせばよかったとか、自分らしく生きたかったと願うようだ。

就職や結婚など人生のステージが変わり、それまでの仲間と疎遠になることもあるだろう。だが自分の好きなことで、交友関係は思いがけず横に広がっていくこともある。年齢・性別に関係なく、趣味のネットワークが広がることは人生をより豊かにしてくれる。だからこそ先に掲げた「至福の自由時間」でさまざまな楽しみを見つけていくといいだろう。

また、親と過ごす時間も大切にしたい。以前人気ブロガーのティム・アーバンが「高校を卒業した時点で、人生で親と過ごす時間の93％を費やしたことに気がついた」と投稿していて衝撃を受けた。93％という数字が正しいかはさておき。たしかに大学生以降になると親と過ごす時間が極端に短くなる人も多いだろう。一人暮らしをはじめたり結婚したりすればなおそうだ。

もし君が学生時代を振り返り、何不自由なく暮らしていたんだなと思えるなら改めて親に感謝して、連絡を取ってみてはどうだろうか。

私達が死ぬときに思い出すのは、きっと思い出だけだ。後悔しないように家族や友人と過ごす時間をできるだけ増やそう。当たり前のことなのだが、あらためて。

さて、いよいよ最後のメッセージだ。

ラストメッセージ

「無理しない、がんばらない」こと。これが幸福を感じるためにはとても重要だと最近つくづく思う。私が心理面でさまざまな葛藤を抱いてきたことはさんざん書いてきた。自分の内面に向き合い、生活を見直し、考え方も変えた。その結果チャンスも増え、期待以上の人生につながった。だが、いまだにストレスやプレッシャーが生じてしまうことはある。

私が最近このことを感じたのは、２冊同時に本を執筆することになったときだ。２冊も本を出版できるなんて夢のようなことだ。しかし気づけば「２冊の本を書き上げる」ということがストレスになっていた。早く書き上げたいと気持ちばかりが焦り、がんばって書かなければと無意識に自分にプレッシャーをかけてムリなペースで原稿を書いていたのだ。せっかく２冊の本を書くという夢のような現実を迎えていたのに私はちっともその幸せを感じることができていなかった。

本を出版するというタスクも「書き上げる」ことに目を向けてしまうと焦りやプレッシャーにつながってしまう。そこで早く書き上げようとがんばるのをやめて、「純粋に書くことを楽しむ」ことを心がけるようにした。すると創作活動が楽しくなり、どんどん書きたいことが浮かんでくるようになった。

どんなに幸せな環境や状況にいても、無理をしてしまうとそれを実感できなくなる。私はあらためてそう思い知った。おかげで今は楽しみながらこの原稿を書くことができている。

社会人としてがんばったり無理したりすることが時には出てくるのは仕方ない。だが、だからこそ自ら無理をしにいかない。がんばりすぎない。このことに注意しよう。

幸福を感じる秘訣は無理をしない、がんばらないことだ。これは「不安がなければどう行動する？」というアランの考え方にも通じる。とんでもなくシンプルだが、ものすごい効果がある。これからの毎日、是非意識して人生を楽しんでほしい。

本章のまとめ

◉「成功したら幸せになれる」を疑ってみること。幸せの鍵は、目の前の今日1日を充実させることにある。まずは睡眠、食事、運動。それだけで幸福度は一気に上がる。無理しない、がんばらない。これも幸福を感じる秘訣だ。

◉欲との付き合い方が人生の質を決める。人生を楽しむのは大切だが、何かにハマりすぎているときは要注意だ。本書に書いた依存の定義を再確認しよう。欲を意識してコントロールしよう。そうすれば君の人生は必ず良くなる。約束しよう。

◉家族、友人、親をはじめとした大切な人達と過ごせる時間は思っているよりずっと少ない。こうした人たちと過ごす時間の優先順位を上げよう。死ぬときに思い出すのは思い出だけ。このことを覚えておこう。

おわりに

先日よく聞くポッドキャスト『The Diary Of A CEO with Steven Bartlett』で、ゲストの一人がたまたま飛行機で大金持ちに居合わせた話をしていた。その大金持ちとは、ジェフリー・ケント。富裕層向け旅行会社アバクロンビー&ケントの創業者だ。せっかくの機会だとジェフリーに成功の秘訣を聞いてみると、彼の答えはたったひとつ。それは誰もがもっていて、誰もが無駄にしているものだという。

その答えは？　そう、「時間」だ。

彼は60年以上もの間、ただひとつの会社を経営してきた。

「その積み重ねがどれだけの結果をもたらすか、想像できるかい？」と逆に彼から聞かれたという。

私はこれは真理だと思う。投資の神様と称されるウォーレン・バフェットも、1000億ドル以上の個人資産のほとんどは50代以降に築かれたものだという。彼の成功も長い期間という時間的要素が大きく作用してもたらされたのだ。

最後に君に伝えたいメッセージも同じものだ。時間がかかっても、とにかくあきらめずに続けてほしい。はじめにでも書いたが、本書のノウハウの中から「これならできそう」だと思ったものからまずは実践してもらいたい。ひとつできるようになったら、またもうひとつ取り組んでみる。そしてそれができるようになったら、またひとつ。時にはうまくいかずに悩んでしまうこともあるだろう。一生懸命やってるのに成果が思うようにでないと焦ることもあるだろう。そんな時でも、とにかくあきらめずに続けていくこと。1年、2年、場合によっては5年、10年とかかるかもしれない。でも万が一、10年かかったとしても鼻歌を歌いながら残業ゼロで仕事が完遂できるようになったら、その先の人生はバラ色ではなかろうか。それなら長い時間かかったとしても挑戦する価値はあるし、1日でも早く実践したくなるだろう。

作家のジェイソン・パーゲンは『君が神と崇める人物も、たったひとつのことに秀でるためにその他の全てを犠牲にした普通の人に過ぎない』と言ったとされる。もし君が本書を読んで私のことを「すごい」と思ってくれたとしても、それは大きな勘違いだ。私など普通どころか欠点だらけだと、妻をはじめ私のことをよく知る人たちは断言するだろう。ただ私はタスク管理・仕事術というひとつのテーマを試行錯誤しながら極めていったにすぎない。しかも10年以上の長い時間をかけて、だ。

「ひとつのテーマを探索し続ける秘訣は?」と聞かれれば、第8章で書いた「無理しない、がんばらない」ことに尽きるだろう。30分仕事術の本質もここにある。

30分、ただ時間をかける――これなら毎日できる。だから続けていけるのだ。

タスク管理であれなんであれ、あきらめずに続けていこう。思ったよりも時間がかかってしまうこともあるかもしれない。でもいつかきっと、道は開ける。少なくとも私はそう確信している。

本書をきっかけに、この先の君の人生が少しでもより良くなるように。心から祈っている。

本書を読んでくれてありがとう。

心より愛をこめて

2023年11月

滝川　徹

謝辞

いよいよ最後。映画ならエンドロールが流れるところだ。

本書はたくさんの人の協力がなければ世に出ることはなかった。全ての人の名をあげることはとてもできない。特に力になってくれた人たちを紹介したい。

まずは私に執筆の機会をくれたパンローリングの後藤康徳社長。書きたい本を書かせてくださり、ありがとう。心から感謝している。

木村聡子さん、静美千子さん、中山祐次郎さん、猪俣武範さんにはたくさんのアドバイス・ご尽力をいただいた。ダイヤモンド社の井上敬子さんからも素晴らしいフィードバックをいただいた。あらためてお礼申しあげたい。友人の寺澤伸洋さん、前原和裕さん、鳴尾孝聡さんもありがとう。

ここまで私の活動を応援してくださった皆さんにもこの機会に感謝申しあげたい。メンターの吉越浩一郎さん、タスク管理の師匠の大橋悦夫さん、株式会社あみだすの大東信仁さん、梅村小百合さん、ブログ仲間のなみのりこうぼうさん、みっちゃん、東福まりこさん。本書の企画作りをサポートくださった中嶋よしふみさん、Ｙａｈｏｏ！ニュースの記事編集でお世話になった鶴澤翔子さん。私の内面の探求のきっかけをくださった岡部明美さん、碇谷圭子さん。

これまでのセミナーの受講生、特に1年継続型講座のスタオバプログラムを受講してくれた皆さんにも感謝したい。皆さんを教えることで、私自身一番学ぶことができた。本書を書けたのはあなた達と過ごした時間のおかげだ。本当にありがとう。

私のわがままな働き方を認めてくれる上司や同僚にもこの場を借りて感謝したい。私が楽しく働けるのはあなた方のおかげだ。いつもありがとう。

いつも陰ながら私の活動を温かく見守ってくれる親族の皆さんにもお礼を言いたい。いつもありがとう。

父と母へ。これまで私達を育てくれて、支えてくれて本当にありがとう。おかげで私は幸せに生きることができている。

そして最後に。生きる意味と意義を与えてくれる妻と娘たちへ。私の人生が楽しいのは君達がいるからだ。いつも一緒にいてくれてありがとう。これからもよろしく。

参考書籍

『「後回し」にしない技術「すぐやる人」になる20の方法』イ・ミンギュ／文響社

『イシューからはじめよ』安宅和人／英治出版

『「1日30分」を続けなさい！　人生勝利の勉強法55』古市幸雄／マガジンハウス

『エッセンシャル思考』グレッグ・マキューン／かんき出版

『嫌われる勇気』岸見一郎／ダイヤモンド社

『クラウド時代のタスク管理の技術』佐々木正悟／東洋経済新報社

『仕事に追われない仕事術』マーク・フォースター／ディスカヴァー・トゥエンティワン

『「週4時間」だけ働く』ティモシー・フェリス／青志社

『ジェームズ・クリアー式 複利で伸びる1つの習慣』ジェームズ・クリアー／パンローリング

『増補リニューアル版 人生を変える80対20の法則』リチャード・コッチ／ＣＣＣメディアハウス

『どんな仕事も「25分＋5分」で結果が出る ポモドーロ・テクニック入門』フランチェスコ・シリロ／ＣＣＣメディアハウス

『人間工学』正田亘／恒星社厚生閣

『プロの整理術』吉越浩一郎／日経ＢＰ社

『WHITE SPACE　ホワイトスペース』ジュリエット・ファント／東洋経済新報社

■著者紹介

滝川 徹(たきがわ・とおる)

現役会社員であり、時短コンサルタント。1982年東京生まれ。慶應義塾大学卒業後、内資トップの大手金融機関に勤務。長時間労働に悩んだことをきっかけに独学でタスク管理を習得。2014年に自身が所属する組織の残業を削減した取り組みが全国で表彰される。2016年には「残業ゼロ」の働き方を達成。その体験を出版した『気持ちが楽になる働き方　33歳 現役の大企業サラリーマン、長時間労働をやめる。』(金風舎)はAmazonの2部門で1位を獲得。時間管理をテーマにした講演やセミナー活動、書籍執筆、Yahoo! ニュースやアゴラの寄稿、SNSや動画配信などでタスク管理についての情報発信を精力的に行っている。

・ブログ「いつでも スタオバ！！！　会社員が最高のライフスタイルを手に入れる方法」：
https://startover.jp/

・X(旧Twitter)：@dream4luck

2024年1月3日 初版第1刷発行

細分化して片付ける30分仕事術
――あえての時間しばりが最高の結果をもたらす

著　者　滝川徹
発行者　後藤康徳
発行所　パンローリング株式会社
〒160-0023　東京都新宿区西新宿7-9-18　6階
TEL 03-5386-7391　FAX 03-5386-7393
http://www.panrolling.com/
E-mail　info@panrolling.com
装　丁　パンローリング装丁室
印刷・製本　株式会社シナノ

ISBN978-4-7759-4294-9

本書の感想をお寄せください。

お読みになった感想を下記サイトまでお送りください。
書評として採用させていただいた方には、弊社通販サイトで使えるポイントを進呈いたします。

https://www.panrolling.com/books/review.html

好評発売中

ジェームズ・クリアー式

複利で伸びる1つの習慣

ジェームズ・クリアー【著】
ISBN 9784775942154　328ページ
定価：本体 1,500円＋税

**習慣は、自己改善を
複利で積み上げたものである。**

良い習慣を身につけるのに唯一の正しい方法などないが、ここでは著者の知っている最善の方法を紹介する。ここで取りあげる戦略は、目標が健康、お金、生産性、人間関係、もしくはその全部でも、段階的な方法を求めている人なら、誰にでも合うはずだ。人間の行動に関するかぎり、本書はあなたのよきガイドとなるだろう。

1440分の使い方

成功者たちの時間管理15の秘訣

ケビン・クルーズ【著】
ISBN 9784775941812　264ページ
定価：本体 1,500円＋税

7人の億万長者、239人の起業家、13人のオリンピック選手、29人のオールAの学生に学ぶ生産性向上の日常習慣

「ノートは手書きでとる」「メールは一度しか触らない」「ノーと言う」「日々のテーマを決める」など具体的ノウハウから、「最重要課題の見極め方」「先延ばし癖を克服する極意」「桁外れの利益を得るための思考法」まで15の秘訣が、あなたの人生に輝きを取り戻してくれるだろう。